Kuli Kunst

Kreativ mit Kugelschreiber

Vorwort

Einfach aber genial: an der Spitze eines feinen, mit Tintenpaste gefülltem Röhrchen rotiert beim Schreiben oder Zeichnen ein winziges Kügelchen und überträgt so die Farbe auf den Untergrund. Ausgehend von Ideen, die bereits auf Galileo Galilei zurückgehen und von dem Ungarn László József Bíró zur Vollendung gebracht wurden, setzte der Kugelschreiber zu einem wahren Triumphzug um die ganze Welt an – eine Erfolgsgeschichte die noch lange nicht zu Ende ist!

Manchmal habe ich abends beim Zeichnen gedankenverloren aus dem Fenster geblickt und nach neuen Ideen gesucht. Dann erschien mir unsere Erde gelegentlich selbst wie ein winziges Kügelchen, das in den unendlichen schwarz-blauen Weiten des Weltalls rotiert. Mit diesem verrückten Vergleich im Sinn, begann ich zu ahnen, dass in einem Kuli viel mehr stecken könnte, als nur die Möglichkeit, schnelle Notizen zu machen oder Formulare auszufüllen. Ob in der winzigen Kugel vielleicht sogar die Welt der Kunst und ungeahnte kreative Gestaltungsmöglichkeiten verborgen liegen?

Meine Antwort auf diese Frage gibt dieses Buch, in dem die Zeichnungen vieler Wochen und Monate zusammengefasst sind. Wer mag, kann gleich loslegen, mitzeichnen und sich von den unterschiedlichen Ansätzen inspirieren lassen. Dieses Buch ist nicht nur Anleitungsbuch, sondern soll beim Blättern einfach Lust machen, den Kuli als kreatives Werkzeug zu betrachten und zu benützen.

Viel Spaß beim Anschauen und Zeichnen!

Euer Gecko

Inhalt

Ein erster Belastungstest
Seite 8

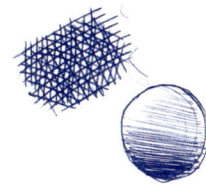

Wenige Striche mit
großer Wirkung
Seite 10

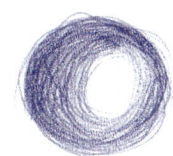

Farbverläufe
Seite 12

Patchwork – ein künst-
lerischer Kuli-Teppich
Seite 14

Die magischen Kreise
Seite 16

In den Tiefen des Ozeans
Seite 18

Die Material-Spirale
Seite 20

Mein Hamster ist ein
Chamäleon
Seite 22

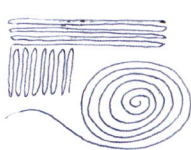

Im Labyrinth der Linien
Seite 24

Piktogramme,
wo das Auge hinschaut
Seite 26

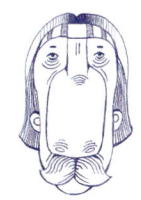

Verkehrte Welt
Seite 28

Blütenzauber
Seite 30

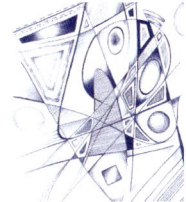

Auf den Spuren der
abstrakten Kunst
Seite 34

Mikrokosmos
Seite 36

Der Mikrowahnsinn
geht weiter
Seite 40

Typografisches
Seite 44

Initiale
Seite 46

Comic – die ersten Schritte
Seite 50

Comic – so geht's weiter
Seite 52

Comic – Artwork und
Stilvarianten
Seite 54

Mein Leben ist ein Comic
Seite 56

Surreale Welten
Seite 60

Attacke der Haus-
staubmilben,
Seite 62

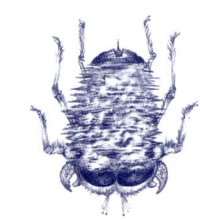

Weitere surreale Techniken
und fantastische Welten
Seite 64

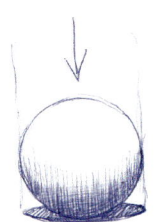

Ein kleiner technischer
Einschub
Seite 70

Ein abstraktes Tagebuch
Seite 72

Moderne Traumhäuser
Seite 74

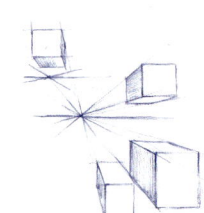

Perspektive … gääähhhn …
oder doch nicht?
Seite 76

Würfeliges
Seite 78

Eine Ruine wird zum
Fantasy-Palast
Seite 80

Ein Projekt skizzieren
Seite 82

Pixeliges Pixel
Seite 84

Pixelkunst trifft
Hollywood-Ikonen
Seite 86

Verrückte Collagen
Seite 88

Kritzeliges
Seite 90

Back to Innocence
Seite 98

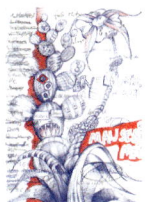

Schmierblätter
Seite 102

Nachricht an den
Thronfolger
Seite 106

Bleibende Erinnerung
Seite 108

Die Kultur-Maschinerie
Seite 110

Monster jagen
Schmetterlinge
Seite 112

Wenn der Postmann klingelt...
Seite 114

Beobachten und karikieren
Seite 118

Fotorealismus
Seite 120

Herausforderungsstufen

 Das ist einfach   Das bekommt man hin    Das ist schwer

Materialtest

was mit dem Kuli alles möglich ist

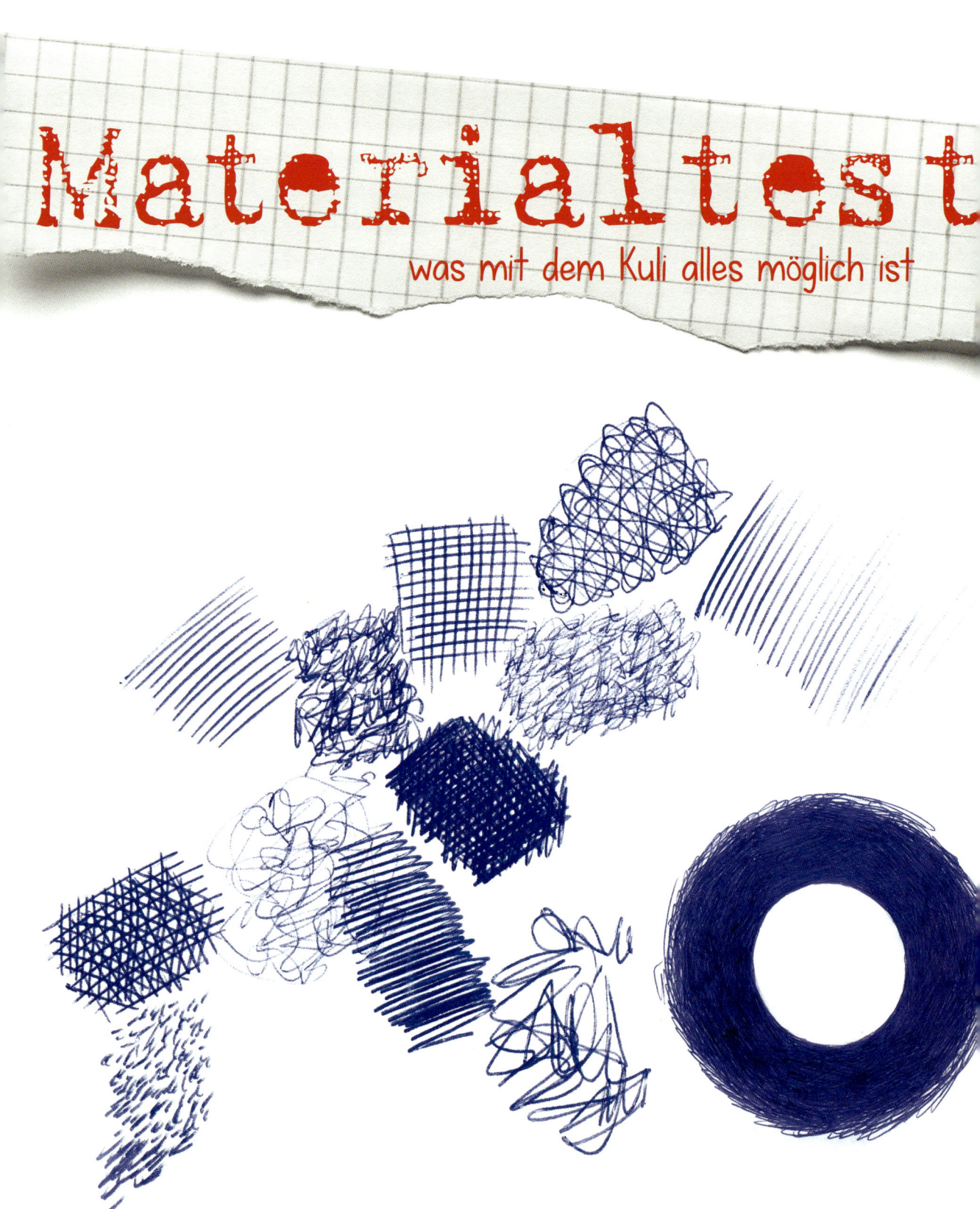

Der erste Test ergibt schon
ein abstraktes Kuli-Bild.

Ein erster Belastungstest

Wer hat noch nie mit einem Kuli gekritzelt, geschrieben oder gezeichnet? Wahrscheinlich fehlt fast niemandem diese Erfahrung, denn Kugelschreiber findet man überall – in jedem Büro, in jedem Haushalt oder auch in der Schule.

Aber was kann man mit den Stiften noch alles machen, außer Formulare ausfüllen und Notizen schreiben? Unterziehen wir Stift und Papier also einem ersten, kleinen „Belastungstest".

Die Tintenpaste der Kugelschreibermine wird in immer dichteren Linien, so dick wie möglich, auf das Papier aufgetragen. Das Papier wellt sich dabei, droht manchmal zu reißen, bekommt aber einen interessanten Glanz.

Schließlich entstehen geschlossene Flächen, es bleibt aber die eine oder andere Unregelmäßigkeit im Farbauftrag zurück, wie man auf der Abbildung sieht.

Wenige Striche mit großer Wirkung

Ein paar kleine Zeichenübungen zu Anfang erhöhen die Sicherheit. Verschiedene Linienformen, Parallelschraffuren, Kreuzschraffuren, Kritzelschraffuren und verschiedene Verläufe vom tiefen Kuliblau zum Weiß des Papiers – alles kann ausprobiert werden.

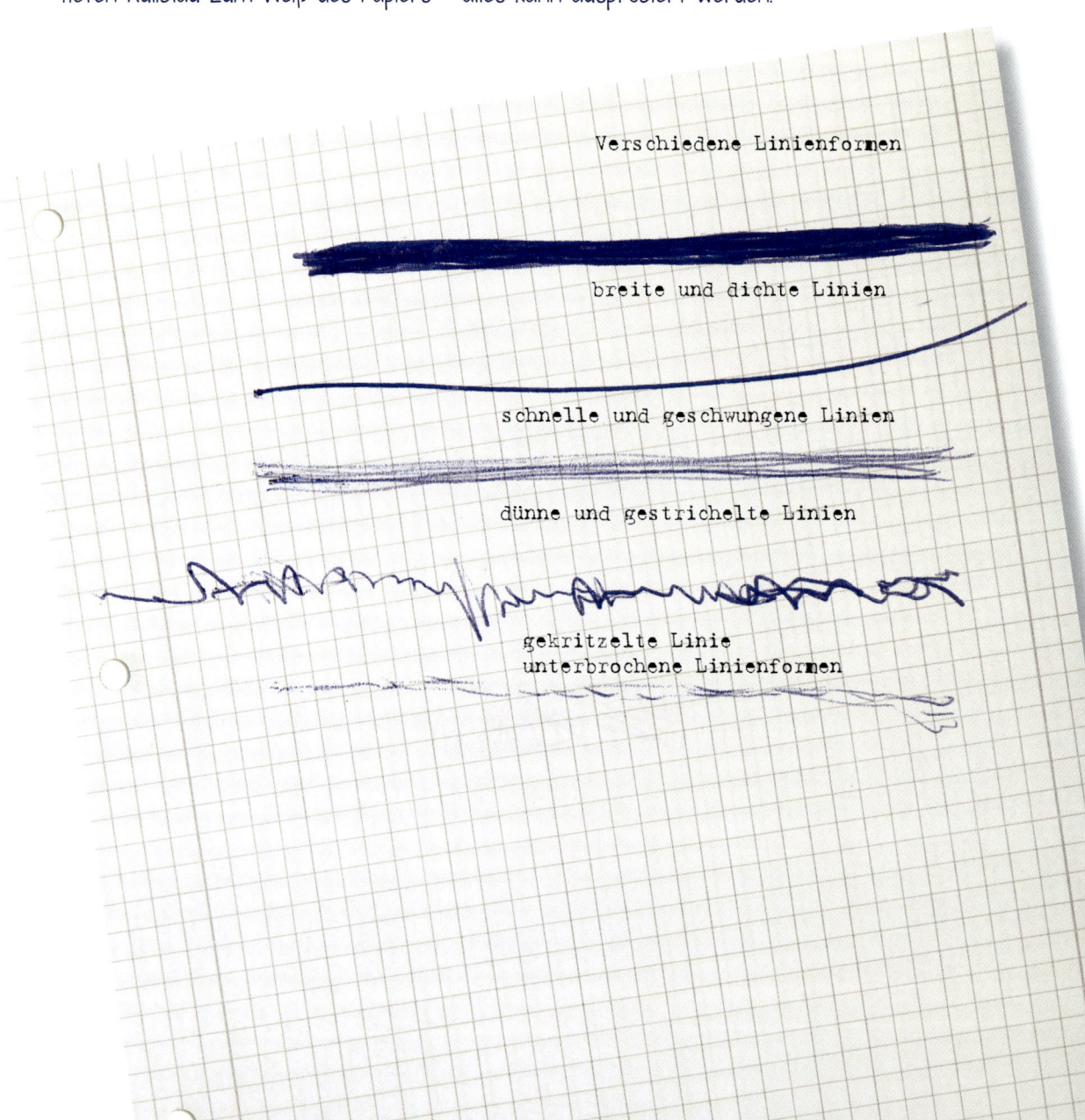

Kreuzschraffuren:
Auch hier werden alle Linien
parallel gesetzt. Für feinere
Abstufungen zeichnet man zu den
ersten Linien weitere, aus
anderen Richtungen hinzu.

Kritzelschraffur:
Die Kritzelschraffur ist ein
Liniengeflecht aus willkürlich
gekritzelten Linien.

arallelschraffuren:
lle Linien verlaufen
arallel.

Schraffurtechniken

Flächen und Verläufe

Mit dem Kugelschreiber kann man erstaunlich gut Farbverläufe zeichnen. Dabei gibt es zwei Varianten: Zum einen schnelle skizzenhafte Verläufe und zum anderen ganz subtile feine Verläufe. Auf dieser Doppelseite sieht man beide Möglichkeiten.

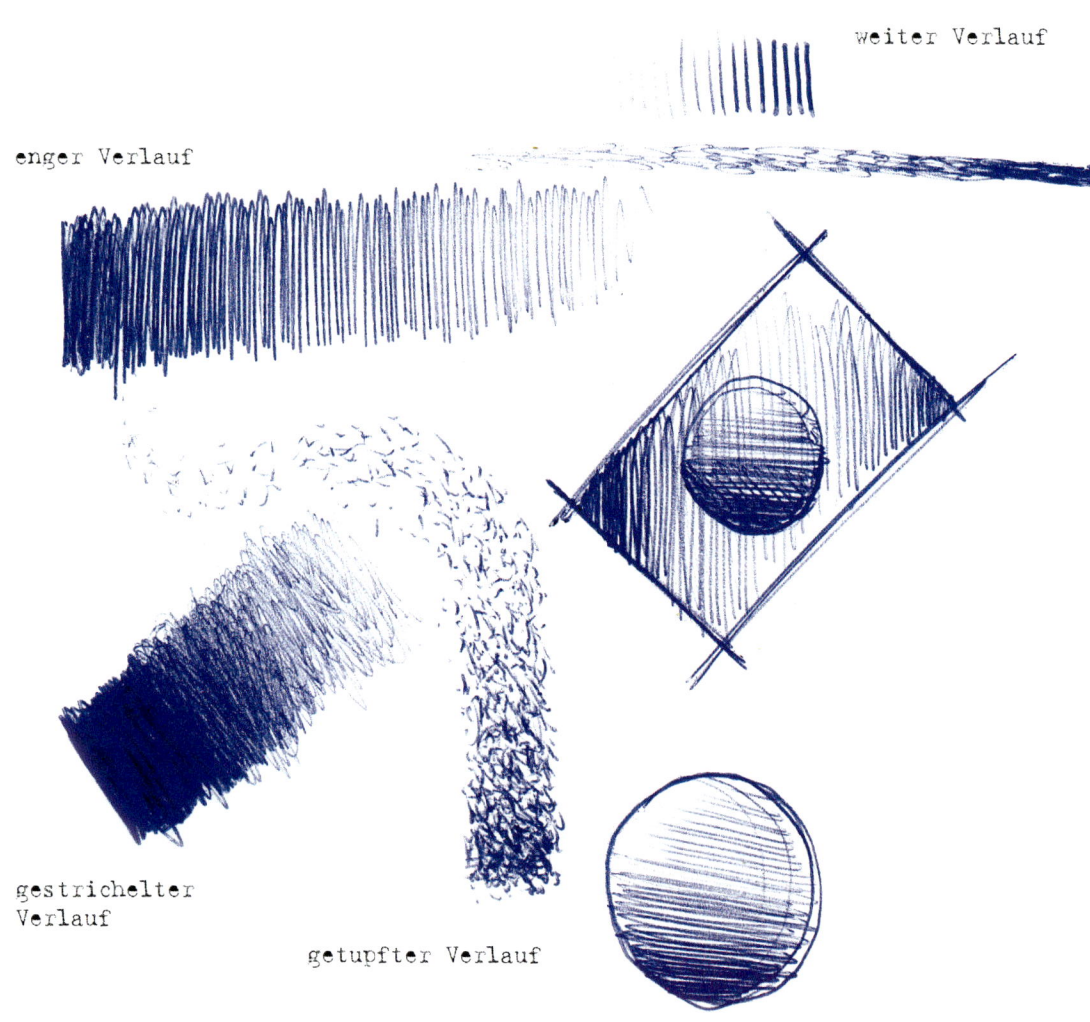

weiter Verlauf

enger Verlauf

gestrichelter
Verlauf

getupfter Verlauf

Die erste Abbildung zeigt schnell skizzierte Verläufe von Blau nach Weiß mit Linien, unterbrochenen Linien und Punkten.

Feine Verlaufs- und Schraffurtechniken

Die zweite Abbildung zeigt sehr feine Verläufe. Hierfür muss man den Kuli sehr steil halten und schnell zeichnen, besonders bei den hellen Schraffuren.

viel Druck ⟶ wenig Druck

Patchwork - ein künst-
lerischer Kuli-Teppich!

Schon die ersten Striche lassen sich gestalterisch zu einem interessanten Bild kombinieren.
Das Patchwork auf Seite 15 besteht aus verschiedenen technischen Fingerübungen und
entwickelte sich zu einer abstrakten Bildkomposition.
Manche Strukturen haben dabei schon eine materielle Anmutung, sie erinnern zum
Beispiel an Stein, Ziegel, Kacheln oder Wolle.

Schritt 1:
Kästchen zeichnen

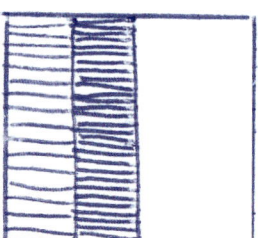

Schritt 2:
Erste Linien zeichnen

Schritt 3:
Aus den Linien eine Struktur entwickeln

Abstraktes Patchwork

Die magischen Kreise

Kreise sind der zeichnerische Ausgangspunkt von vielen Gestaltungen, weshalb das saubere Skizzieren von Kreisen in allen Größen eine Art „Zeichengymnastik" ist um locker zu werden. Der simple Kreis links oben wird mittels der bereits auf Seite II dargestellten Schraffurtechniken zur Kugel (Bereich links oben im Bild).

In den anschließenden Variationen finden sich viele neue gestalterische Erfahrungen wieder – abstrakt abgewandelte Kreise; Kreise, die bildlich real zu stilisierten Gesichtern werden; Kreise mit Zahnrädern oder Pizzastücken beispielsweise.

Beispiele für
Kreise mit Schraffur

Beispiele für
Kreise mit Muster

Beispiele für
Kreise mit Gesichter

lustiges Kreisebild

In den Tiefen des Ozeans

Das bisher Gelernte bietet schon erstaunlich viele gestalterische Möglichkeiten. Hier kommt eine weitere, denn reale Grundformen (wie hier die Fische) sind eine optimale Fläche für abstrakte Muster und ornamentale Formen. Neue Seewelten mit fantasievollen Lebewesen entstehen. Je mehr man sich dabei von der Natur löst, umso interessanter wird es.

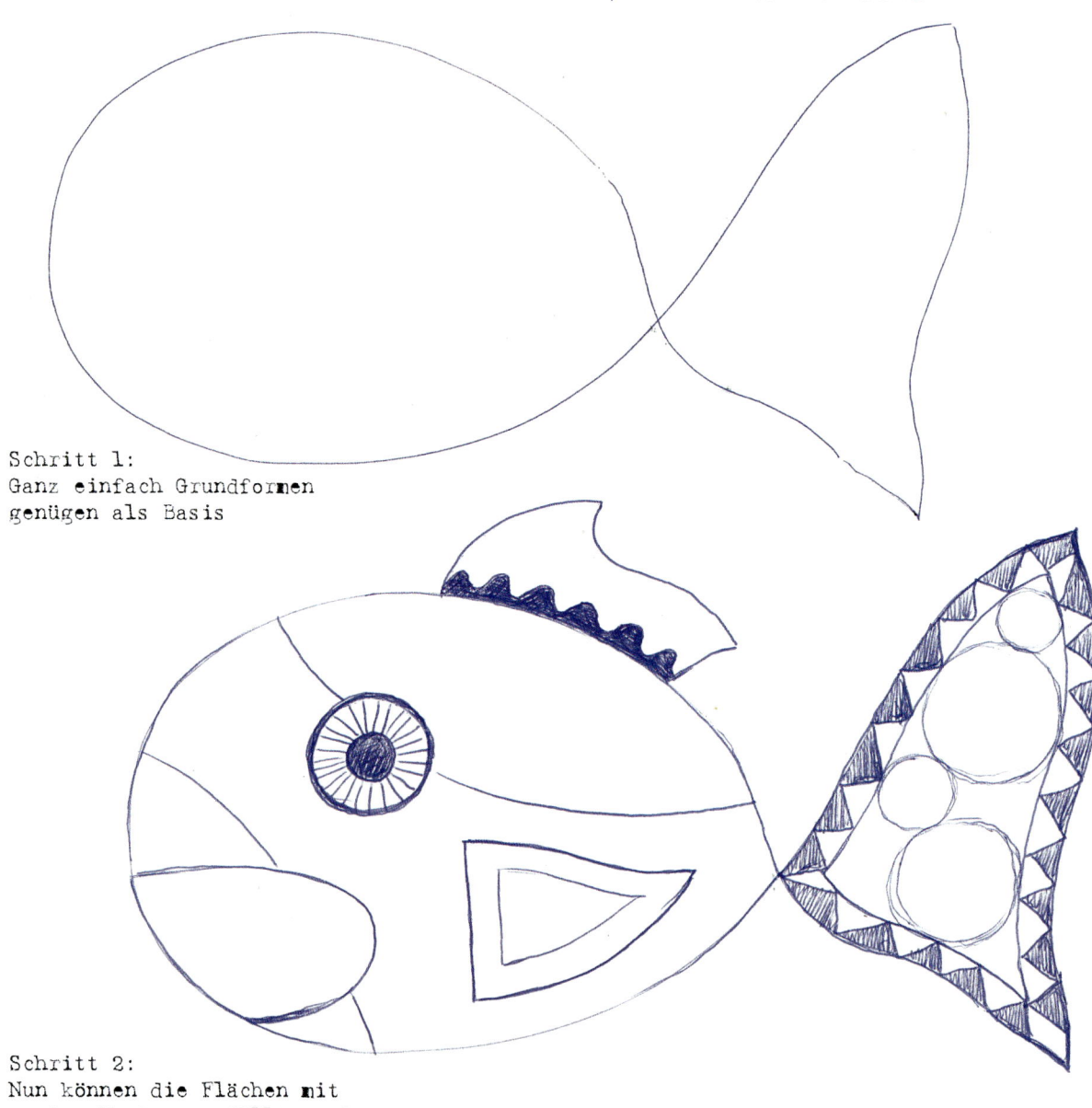

Schritt 1:
Ganz einfach Grundformen
genügen als Basis

Schritt 2:
Nun können die Flächen mit
ersten Mustern gefüllt werden

Schritt 3:
Fertiges Tiefseebild
mit ornamentalen Fischen

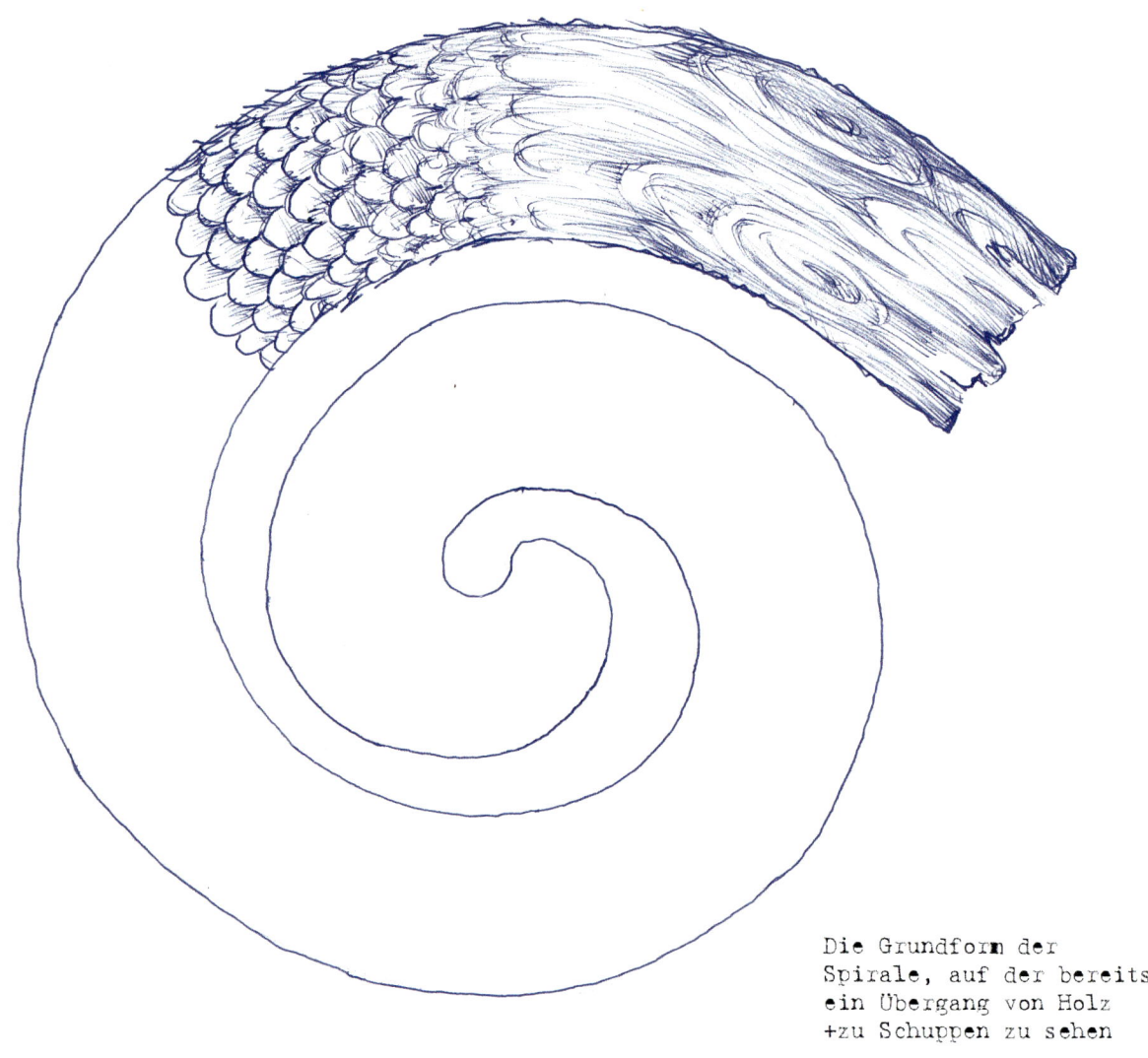

Die Grundform der
Spirale, auf der bereits
ein Übergang von Holz
+zu Schuppen zu sehen

Die Material-Spirale

Die Darstellung von Materialien und Strukturen – wie zum Beispiel Holz, Stein, Fell oder
Federn –ist elementar, wenn man komplexere und real anmutende Bilder haben möchte. Die
Spirale ist perfekt, um diese Strukturen zu üben und wer es sich zutraut, versucht auch
fließende Übergänge von einer Struktur zur nächsten zu zeichnen.

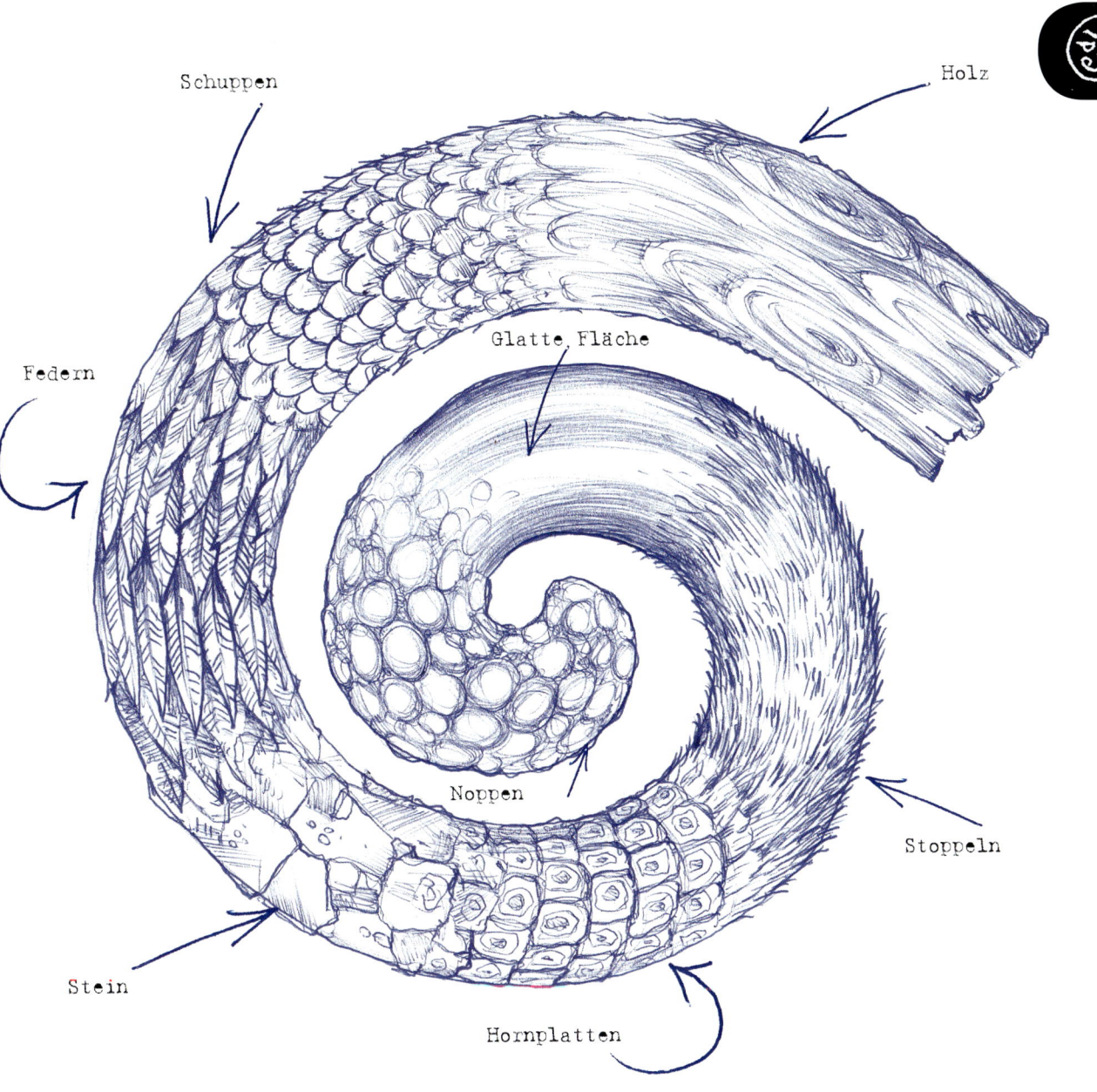

Schuppen

Holz

Federn

Glatte Fläche

Noppen

Stoppeln

Stein

Hornplatten

ist.
Sind die Strukturen gut
gezeichnet, meint man fast,
die Oberflächen ertasten
zu können.

Mein Hamster ist ein Chamäleon!

Nach den freien Formen, Mustern und den ersten Materialtests werden wir nun etwas konkreter. Anhand eines kleinen niedlichen Tierchens kann man die Darstellung von verschiedenen Oberflächen noch besser ausprobieren. Einfach die Umrisse eines kleinen Tieres mehrfach nachzeichnen und dann die dargestellten Strukturen wie Haare, Borsten, Falten oder Federn zeichnen.

Schritt 1:
Mit wenigen Strichen
einen Hamster
skizzieren

Schritt 2:
Die Oberfläche
gestalten

Schritt 3:
Die gesamte Oberflä-
che mit der gewünschten
Struktur versehen

Kurzhaarhamster

Mopshamster

Schuppenhamster

Stoppelhamster

Noppenhamster

Federhamster

Igelhamster

Langhaarhamster

Verschiedene Haut- und Fellformen
lassen das Tier immer wieder neu
und teilweise surreal erscheinen.

In Labyrinth der Linien

Wer sich technisch weiterentwickeln und von der Linienführung her sicherer werden möchte, für den bietet sich diese Gestaltungsvariante an. Verschiedene Linienstrukturen und enge Labyrinthe erfordern eine hohe Konzentration beim Zeichnen, denn keine Linie soll an die andere stoßen.

Ähnlich wie beim Patchwork auf Seite 15 entsteht ganz zufällig eine abstrakte Bildkomposition.

enges Labyrinth

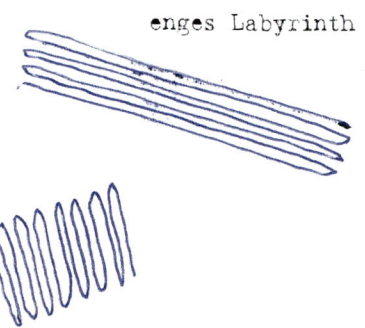

weites, gerundetes
Labyrinth

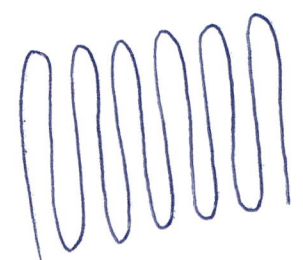

rundes Labyrinth

Man unterscheidet zwischen engen und
weiten Kuli-Labyrinthen, runden und
eckigen sowie großen und kleinen
Labyrinthen.

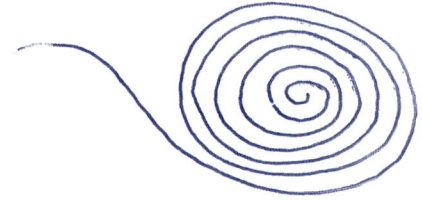

Dreieckslabyrinth

Linienlabyrinthe in weiteren Varianten

Piktogramme, wo das Auge hinschaut

Wenige Darstellungsformen spiegeln den Zeitgeist so wieder wie kleine Symbole, Piktogramme, Icons oder Buttons – sei es in der digitalen Welt, in der Schule oder im Beruf. Allein die Bildschirmoberfläche eines Computers oder Smartphones ist gefüllt mit Minibildchen. Es macht Spaß, große Dinge so klein wie möglich zu zeichnen. Gleichzeitig ist es eine hohe Kunst, ganze Welten in Briefmarkenformat oder noch kleiner zu zeichnen.

Kleine Tierchen eignen sich besonders gut zur
vielseitigen Verwendung auf Einladungskarten,
in Schulheften, bei Präsentationen und noch viel mehr.

Minifrüchte zu zeichnen
macht besonders Spaß,
weil man das schon von
klein auf kennt. Bananen,
Äpfel, Kirschen und Bir-
nen sind mit die ersten
Dinge, an denen man sich
in seinem Leben zeichne-
risch versucht.

Selbst im Miniformat lassen sich ganz unterschiedliche
Landschaftsformen darstellen, von Hügel- und Waldlandschaften,
über Berglandschaften bis hin zu Stadt- und Dorfansichten.

Verkehrte Welt

Ähnlich wie bei den Piktogrammen wird bei dieser lustigen Bildidee grafisch gearbeitet. Zunächst zeichnet man die Grundformen verschiedener Dinge wie Flaschen, Ballons oder Autos. Dann lässt man sich von der Ausgangsform inspirieren und macht etwas ganz anderes daraus, diese Freak-Parade zum Beispiel.

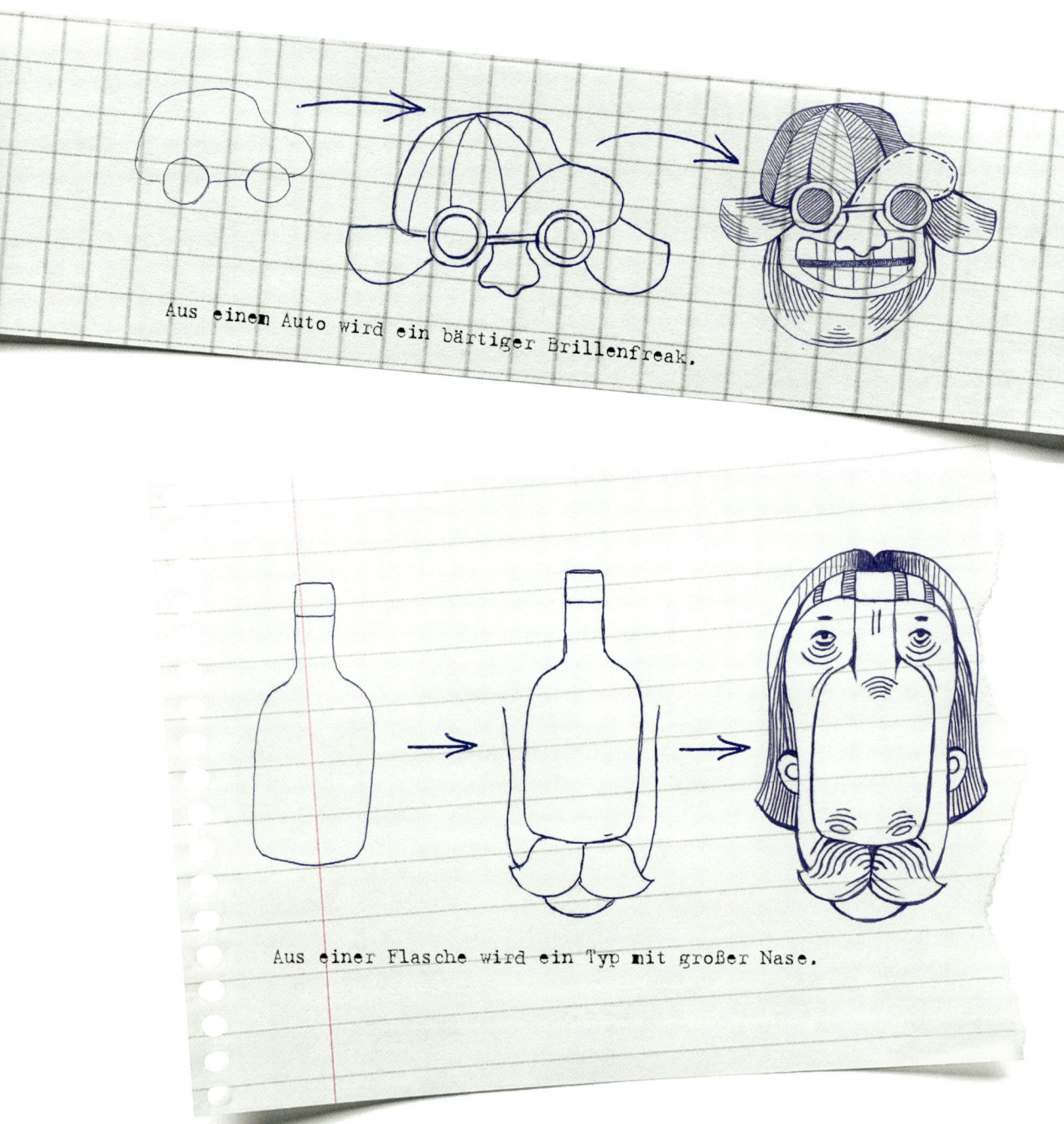

Aus einem Auto wird ein bärtiger Brillenfreak.

Aus einer Flasche wird ein Typ mit großer Nase.

Aus einem
Tintenfisch wird
eine aufgetakelte
Diva.

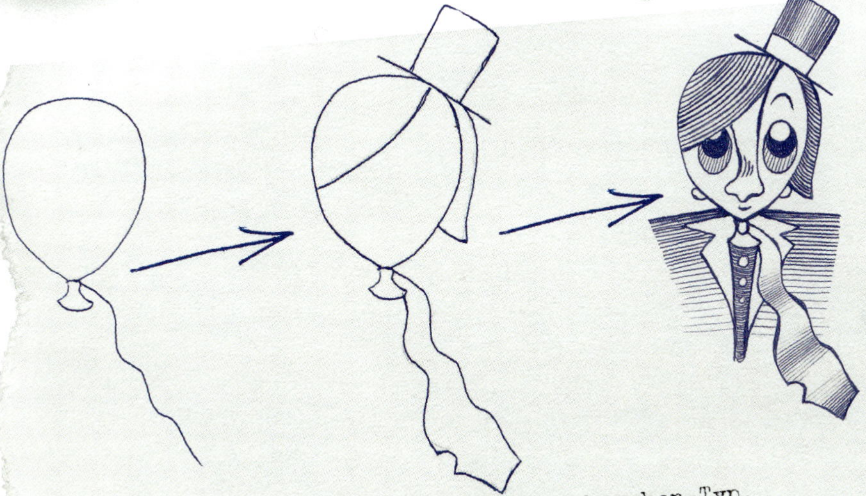

Aus einem Luftballon wird ein Vogelscheuchen-Typ.

Aus einem Apfel wird ein Kobold mit flammenden Haaren.

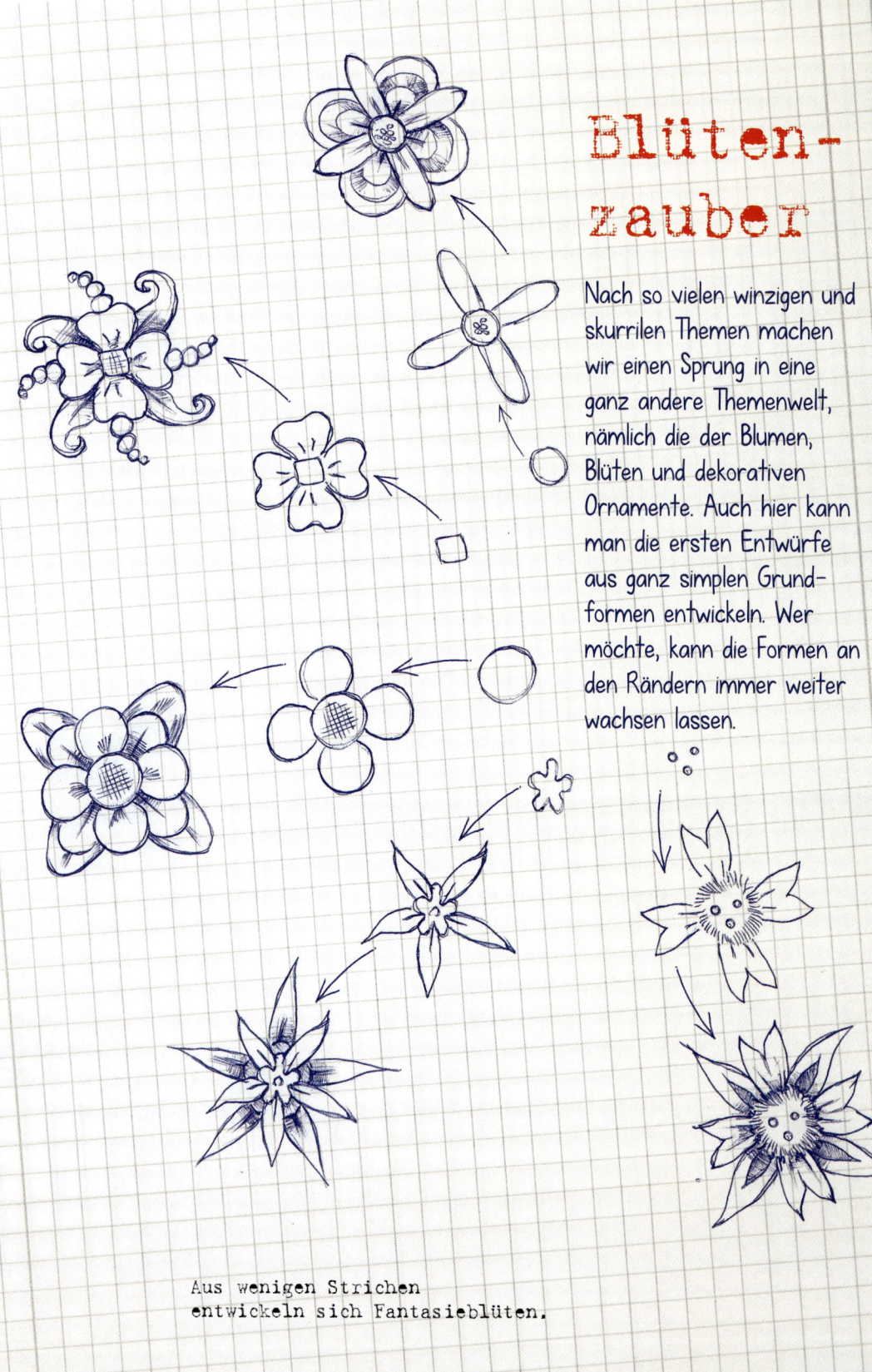

Blüten-zauber

Nach so vielen winzigen und skurrilen Themen machen wir einen Sprung in eine ganz andere Themenwelt, nämlich die der Blumen, Blüten und dekorativen Ornamente. Auch hier kann man die ersten Entwürfe aus ganz simplen Grund-formen entwickeln. Wer möchte, kann die Formen an den Rändern immer weiter wachsen lassen.

Aus wenigen Strichen entwickeln sich Fantasieblüten.

Florale Ornamente

Aus den verschiedenen Techniken und Darstellungsformen der vorangegangenen Seiten (Spiralen, Blüten und Schraffuren) lassen sich nun zauberhafte und poetisch anmutende Motive entwickeln. Verwendbar sind diese vielfältig, sei es für Einladungen und Tischdekoration oder auch für Wandgestaltungen und Tattoos.

In ersten Schritt werden die einzelnen Blüten angeordnet, die dann liebevoll ausgestaltet werden.

Grafisch florale Ornamente

Im Gegensatz zu den Blumenornamenten auf der vorherigen Seite sind diese Ornamente grafischer gestaltet, d.h. sie bauen sich auf Spiralen und einfach Blattformen auf. Zeichentechnisch betrachtet sind die Linien kontrolliert und langsam gezeichnet. Motive dieser Art eignen sich zum Beispiel beim Gestalten von Büchern als Text oder Bildschmuck.

Einfacher Aufbau mit aus einem Strang herauswachsenden
Spiralen und einzelnen Spiralen.

Fertige grafisch
florale Ornamente

Auf den Spuren der abstrakten Kunst

Um die Kreativität weiter zu fördern, machen wir nochmals einen großen Sprung, dieses Mal in die abstrakte Kunst. Denn was einfach aussieht, ist in Wirklichkeit mit das Schwierigste: eine komplett gegenstandslose Zeichnung. Ein schnell gekritzeltes und zufälliges Liniengeflecht bildet den Anfang. Daraus kann man eine abstrakte Zeichnung entstehen lassen, indem man sich alle bisher dargestellten gestalterischen Varianten zunutze macht.

In vergrößerten Detail sieht man gut, wie die Flächen gefüllt werden.

Das Liniengeflecht sollte zunächst so willkürlich wie möglich sein. Wem das schwerfällt, der kann beim Zeichnen einfach mal die Augen schließen.

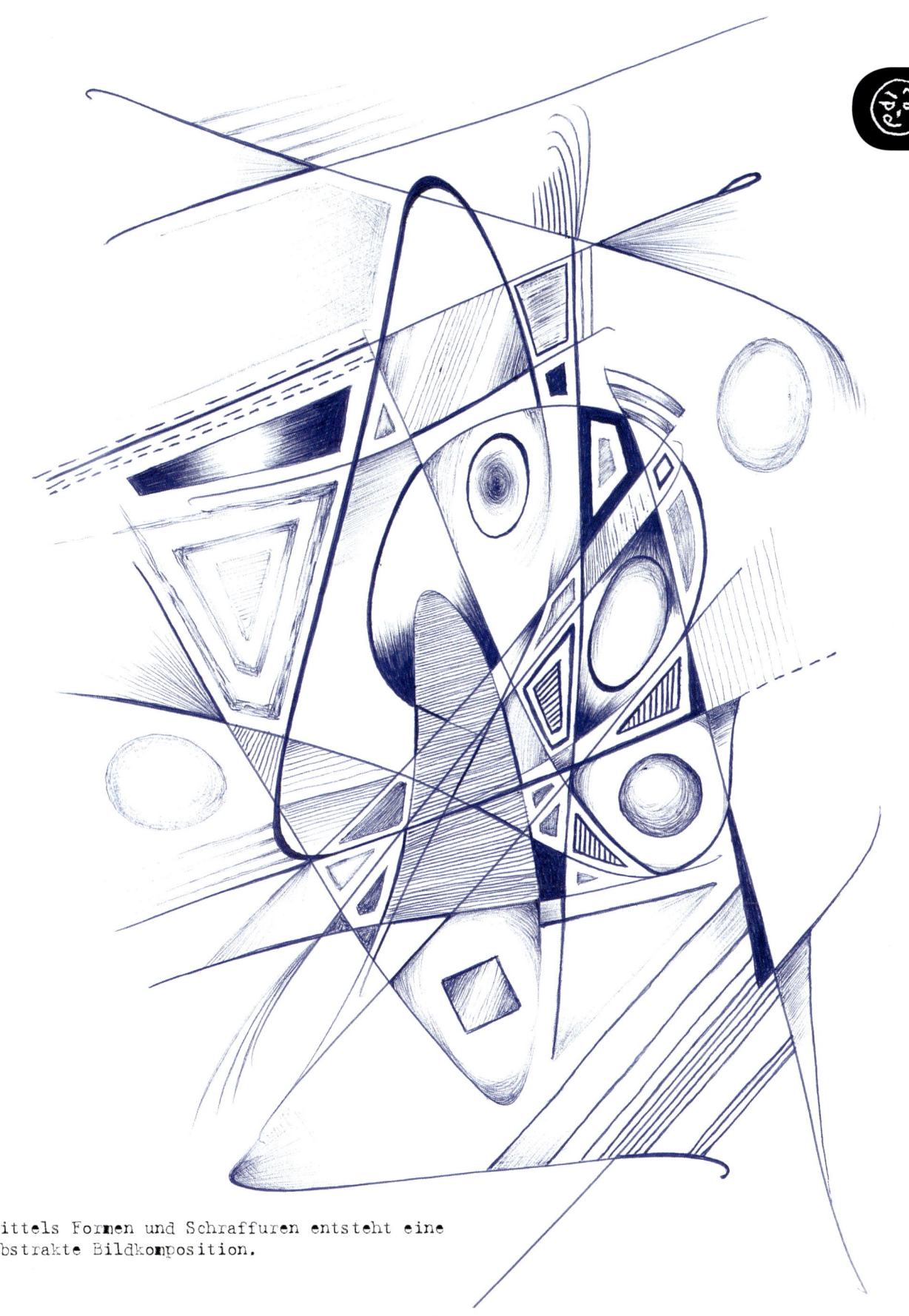

Mittels Formen und Schraffuren entsteht eine
abstrakte Bildkomposition.

Mikro-kosmos

Steigen wir wieder auf aus dem kurzen Tauchgang in die Welt des Abstrakten und springen gleich wieder hinein in die Welt der Miniaturdarstellungen und Mikrokosmen. Im Alltag begleiten uns Piktogramme nonstop, sei es auf Verpackungen, technischen Geräten oder in Medien – Piktogramme geben Anleitung, Hilfe und Orientierung. Aber lässt sich daraus auch Kunst machen? Auf diesen Seiten sieht man, wie in wenigen Schritten kleine Piktogramm-Bildchen entstehen – mit feinen Schraffuren und kleinen Details.

Über die nächste Doppelseite erstreckt sich ein ganzer Piktogrammteppich, teils auch mit rotem Kuli gezeichnet, um facettenreicher zu werden.

Minibildchen
in Arbeitsschritten

Im ersten Schritt er-
kennt man nur ganz
einfache Formen oder
Linien, noch ohne Bezug
zu einem Gegenstand.
Schon im zweiten Schritt
erkennt man was es
werden soll, obwohl nur
zwei bis drei kleine Linien
ergänzt wurden. Der
dritte Schritt ist dann
das Finish.

Noch mehr Minibildchen
in Arbeitsschritten

Der Mikrowahnsinn geht weiter!

Die Bilder auf den nächsten vier Seiten Seite sind sehr zeitaufwendig, man kommt extrem langsam voran und sie erfordern starke Konzentration. Welcher Wahnsinn hatte mich erfasst, als ich mit diesen Bildern anfing? Nun, so wie es meist ist:

Der Wahnsinn kommt Stück für Stück. Der erste Gedanke war, die Kreise von Seite 17 wieder aufzugreifen und unzählige Minigesichter darzustellen, um daraus eine Fläche zu gestalten, die auf den ersten Blick homogen erscheint. Doch tatsächlich gleicht kein Gesicht und keine Maske einer anderen!

Von der kreativen Seite betrachtet, ist ein solches Bild tatsächlich ein exzellenter Leistungstest, denn man braucht hunderte verschiedener Gestaltungsideen im Miniformat.

Erste Gesichter entstehen

In der Vergrößerung sieht man die Vielfalt der Gesichter

Die schwierigste der drei Varianten ist dieses Tier-Wirrwarr. Kein Strich ist dabei zufällig, auch wenn es so erscheinen mag. Jede noch so kleine Linie ist Bestandteil eines Tieres. Dieses Bild ist extra hochformatig abgebildet, damit man den ganzen Tierwahnsinn besser sieht.

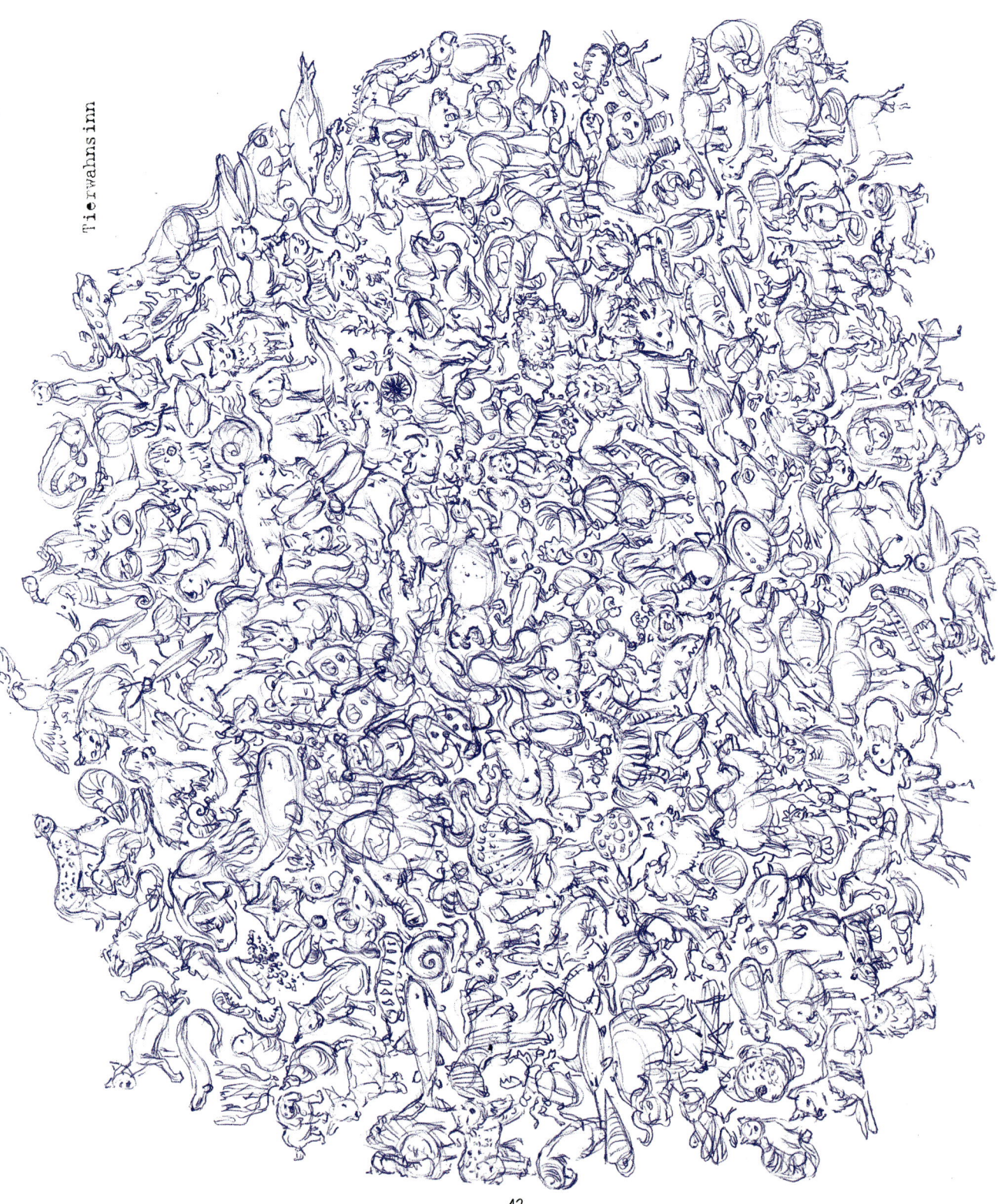

Tierwahnsinn

Buchstabensuppe
der grafischen Art

In dieser Variante ist die Idee auf Basis von Buchstaben aufgebaut.
Immer neue Ideen für Schriftschnitte sind dabei gefordert. Wer
möchte, kann den Betrachter zusätzlich damit verrückt machen,
dass in dem unüberschaubaren Geflecht an Buchstaben auch noch
kleine Botschaften versteckt sind (hier rot und schwarz dargestellt).

Typografisches

Wenden wir uns einem ganz anderen Thema zu, nämlich dem der Schriften. Die Kunst der Typografie hat eine jahrhundertelange Tradition. Sie reicht zurück in die früheste Menschheitsgeschichte, im Mittelalter erhält sie mit der Erfindung des Buchdrucks durch Gutenberg noch mehr Spielraum und in unsere Zeit erweitern sich mit der digitalen Bild- und Textbearbeitung die Möglichkeiten erneut.

Die Entwicklung von Buchstaben, die aus verschiedenen Materialien gestaltet sind.

Warum also nicht selbst einmal Schriften entwickeln?
Kariertes Papier ist dabei eine große Hilfe, da man sich an den Linien besser orientieren kann.

Hier wurden verschiedene Computerschriften zeichnerisch nachempfunden.

Buchstaben aller Art und in verschiedenen Größen -
hier wird experimentiert.

Initiale

Unter einem Initial versteht man den ersten Buchstaben eines Textes, der in Büchern, Zeit-
schriften oder digitalen Medien größer oder fetter dargestellt wird. Zu den Zeiten als Bücher
noch von Hand kopiert werden mussten, im Mittelalter beispielsweise, wurden diese schmücken-
den Anfangsbuchstaben oft sehr kunstvoll und über ganze Seiten hinweg gestaltet. Auch
heute sieht man Initiale noch häufig, besonders im Fantasy-Genre. Das passt gut, denn für
fantasievolles Tun sind die Buchstaben großartig geeignet, den Gestaltungsmöglichkeiten
sind hier keine Grenzen gesetzt.

Der erste Entwurf zum
Buchstaben "D"

Erste Details
mit Schraffuren

Das fertige Initial

grübel

Conic und mehr !

was der Kuli sonst noch kann

hmmm...

wurgs

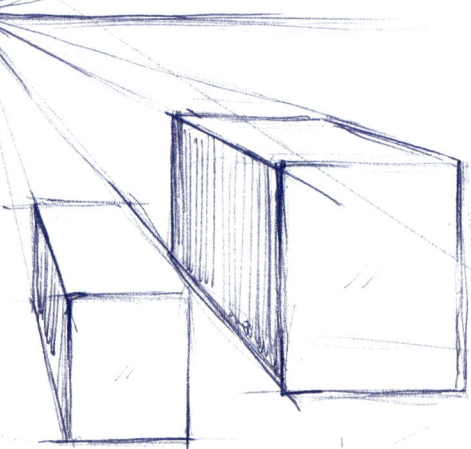

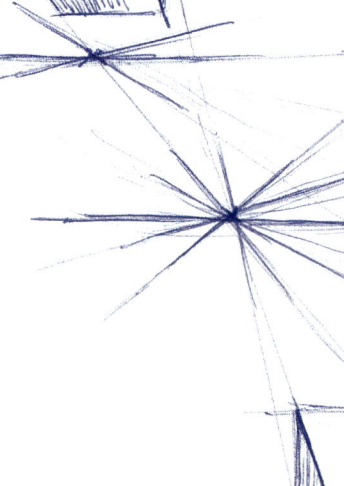

hey!

Comic, die ersten Schritte

Comic-Zeichnen ist eine ganz eigene Kunstform. Lange wurde es unterschätzt, doch heute sind Comics allgegenwärtig – sei es im Fernsehen, in den digitalen Medien oder auch in gedruckter Form. Der Einstieg in das Comic-Zeichnen ist dabei gar nicht so schwierig, wenn man zunächst einfache Formen verwendet. Kreise und Ovale sind beispielsweise eine gute Basis für Figuren. Anschließend kann man versuchen, mit wenigen Mitteln die ersten Comicgestalten zu animieren und dabei lustig lebendige Gesichter zu zeichnen.

Aus einem einfachen Kreis entstand dieser verrückte Kopffüßler.

hey!

stutz

hmmm...

wurgs

grübel

Aus einem Oval entwickelte sich diese Maus.

Wie im Baukasten: Aus einfachen geometrischen
Formen kann man lustige Typen entwickeln.

In nächsten
Schritt kann
man seine
Typen aus-
schmücken und
detaillierter
ausarbeiten.

Comic – so geht's weiter

Hey, das ist ja wie damals in der Schule! Langweiliger Unterricht – also wird das Heft für andere Dinge, die mehr Spaß machen, zweckentfremdet. Kariertes Papier eignet sich fürs Comic-Zeichnen besonders gut, da man schneller die Proportionen einer Figur erfassen und in andere Posen übertragen kann.

An Beispiel der drei Elefanten sieht man, wie unterschiedlich das Design einer Figur sein kann.

Detailliertes, ins Reine gezeichnetes Comicbild

Comic - Artwork und Stilvarianten

Ein Comicbild entsteht: Ausgehend von den Skizzen lässt sich mit dem Kuli feines Artwork gestalten – das heißt, die Comic-Motive werden ins Reine gezeichnet. Dabei kann man alle bisher im Buch dargestellten Techniken verwenden. Darüber hinaus kann man den Figuren auch noch einen Namen geben. Die zwei gegensätzlichen Jungs, das lange Mädchen und der Hund wurden „FOUR" getauft.

Freie und locker schraffierte Stilvariante: Hier muss man sich dazu zwingen, schneller zu zeichnen und die Schraffuren nicht so präzise zu setzen. Dadurch wird der Strich locker.

Grafische und reduzierte Stilvariante: Hier sind die Schraffuren bewusst, ganz genau und langsam gesetzt, um dem Ganzen einen coolen kontrollierten Look zu geben.

Mein Leben ist ein Comic!

Die Menschen verbringen heutzutage viel Zeit damit, ihr Leben zu reflektieren oder es über soziale Medien öffentlich zu machen. Die entsprechenden Plattformen boomen und Selfies sind eine beliebte Form, um besondere Augenblicke im Leben festzuhalten und zu teilen. Das gute alte und im Verborgenen geführte Tagebuch scheint etwas aus der Mode gekommen zu sein. Aber warum nicht die verschiedenen Darstellungsmöglichkeiten zusammenführen und aus seinem Leben eine Comic-Geschichte machen? Denn auch diese lässt sich einscannen oder abfotografieren und digital veröffentlichen.

Ein Kügelchen-Comicpaar entsteht

Schritt 1: zwei Kügelchen
Schritt 2: zwei Kügelchen mit wenigen Körperstrichen
Schritt 3: die fertige Kügelchen-Strichmännchen

Natürlich können die Figuren für das Alltagscomic auch ganz anders aussehen, wie diese einfachen Beispiele zeigen.

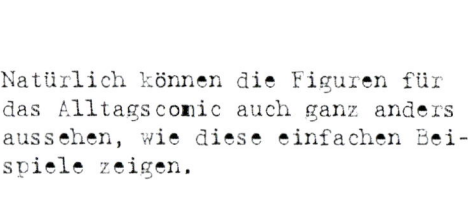

Jetzt ein paar Übungsmotive mit den Figuren zeichnen,
dann kann es losgehen.

20 LUNEDÌ

11.30
Gemüse, Eier
Klopapier, Schokolade, Brot

Training:
2500m (5×500)
16.00 ... 100m, 1:03 !!!!

9.00
...

21 MARTEDÌ

15.00 ... 19.00

11.00

23.00

9.00 Stress Stress Stress!!!
Stress Stress Stress Stress Stress!!!!
Stress Stress Stress Stress Stress Stress!!!...

22 MERCOLEDÌ

15.00

Auto kaputt, ich
kaputt...
Geld weg... 4 Millionen € für die Kopfdichtung
2 Millionen € für den Turbolader
...!!!...

Wer möchte zeichnet in einen Kalender alles, was das Leben so an Geschichten zu bieten hat. Lustig ist es, dabei gelegentlich ein kleines Stimmungsbarometer einzufügen, wie oben auf der rechten Seite. Man kann den Kalender somit als ein Tagebuch verwenden und alles bildlich festhalten, was im Leben gerade passiert.

Surreale Welten

Unter Surrealismus versteht man eine Kunstform, die sich mit Traumhaftem, Unbewusstem, Absurdem oder Phantastischem beschäftigt. Der Übergang vom Comic zum Surrealismus ist fließend, auch wenn der kreative Ansatz ein anderer ist. Dennoch: sowohl in der surrealistischen Malerei als auch in Comics werden oft Dinge und Wesen dargestellt, die in der Realität nicht existieren. Ein gutes Beispiel hierfür ist das der Comic-Kunst schon seit langem.

Schritt 1: Die Skizze einer kleinen Erdbeere.

Schritt 2: Jetzt werden es plötzlich zwei und man ahnt Gesichter.

Schritt 3: So werden daraus die drei Erdbeer-Amigos.

Schritt 1: Die Skizze einer ganz normalen Ananas.

Schritt 2: Huch, die Ananas bekommt plötzlich ein Gesicht!

Schritt 3: Und fertig ist der Ananas-Punk.

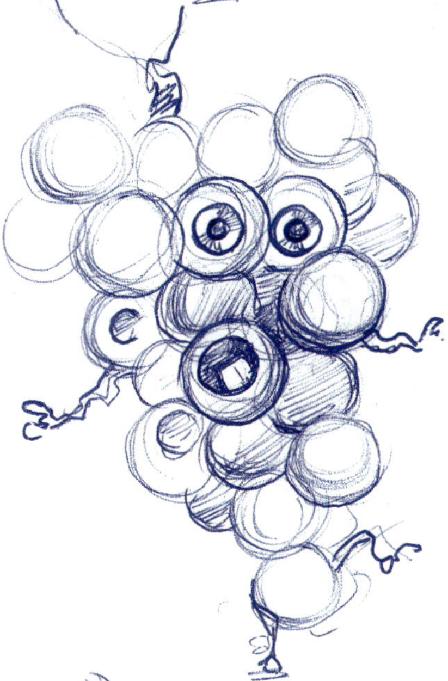

So erwachen die Früchte
zum Leben.

Attacke der Hausstaub-milben

Comic und Surrealismus verbinden sich bei dieser Idee zu einem lustigen Motiv. Aus einfachen Formen entwickeln sich seltsame Wesen. Wie durch ein Mikroskop betrachtet, erscheint alles ganz nah, man meint, in die Welt der kleinen Biester einzudringen.

Hier sieht man einen Haufen einfacher Formen, die wie Einzeller, Amöben oder Bakterien wirken.

Die ganze Welt der Hausstaubmilben - es ist völlig
egal, wie die winzigen Biester wirklich aussehen!

Weitere surreale Techniken und fantastische Welten

Die auf diesen Seiten angewandte Technik (der Fachbegriff heißt „Frottage") kennen viele wohl noch aus dem Kunstunterricht in der Schule, aber auch die Surrealisten haben sie angewandt. Indem Papier auf einen rauen Untergrund (zum Beispiel Holz, Rattan oder andere sehr grobe Oberflächen) gelegt und dann mit dem Kuli schnell darüber gefahren wird, kommt Struktur auf das Papier. Anschließend lässt man sich von den abstrakten Flächen inspirieren und gestaltet etwas daraus. Entstehen Löcher im Papier, versucht man diese einfach ins Bild zu integrieren.

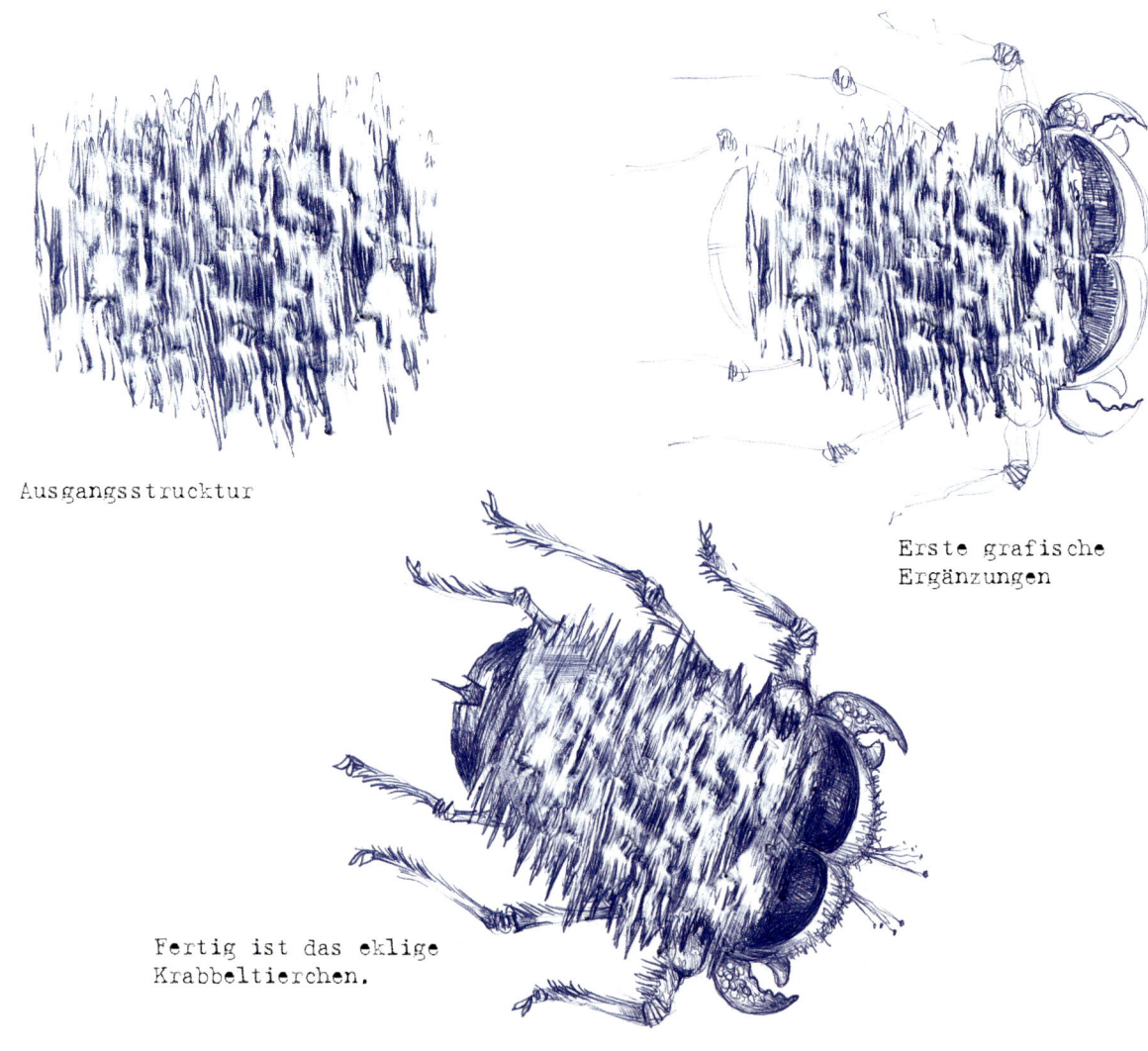

Ausgangsstrucktur

Erste grafische Ergänzungen

Fertig ist das eklige Krabbeltierchen.

Geriffelte
Ausgangsstrucktur

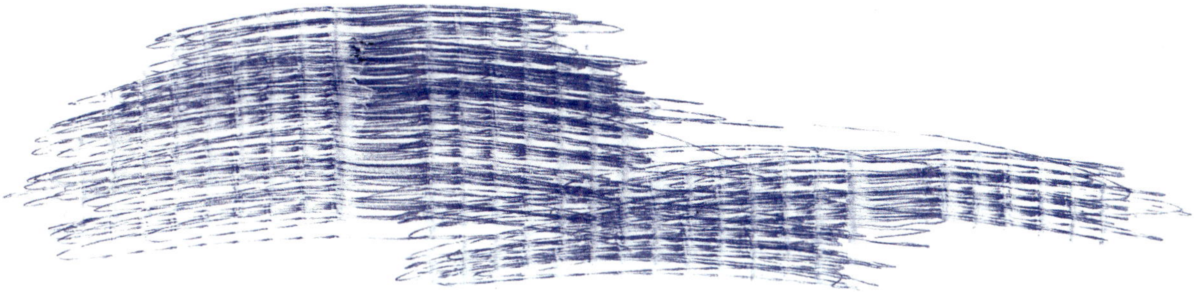

Die Gliedmaßen
werden ergänzt.

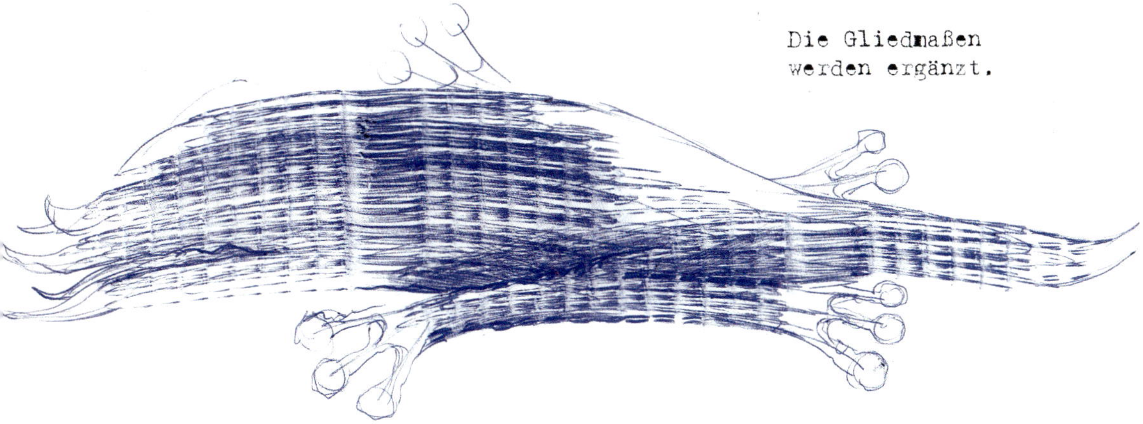

Fertig ist das seltsame Urzeit-
tier mit Stilaugen.

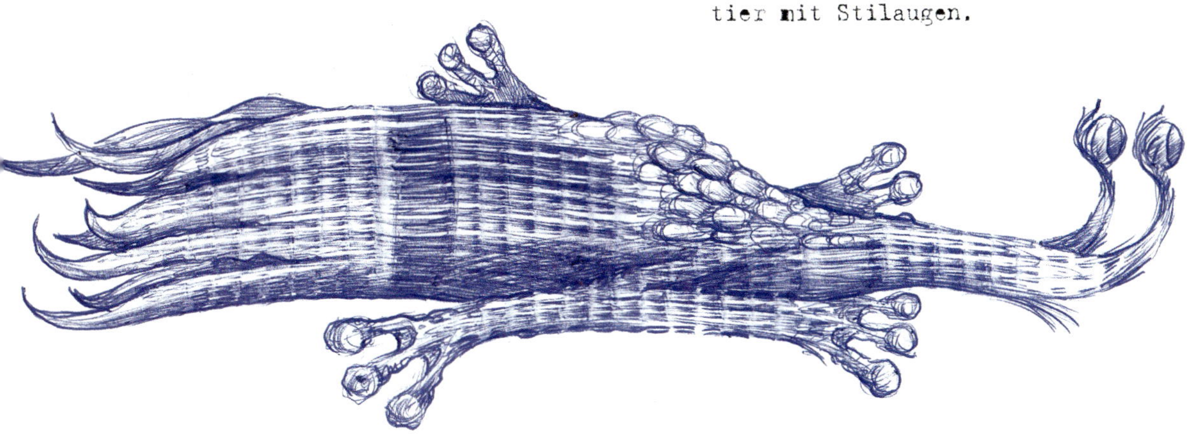

Man kann auf diese Art und Weise auch komplexere Bildkompositionen entwickeln, indem man viele Flächen in einer bestimmten Anordnung zueinander stellt.

Verschieden große Flächen und Formen mit unterschiedlichen Strukturen.

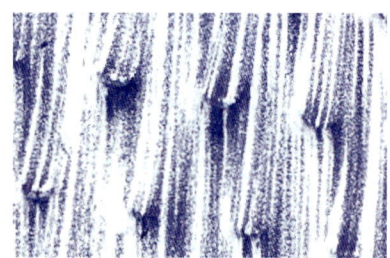

In Detail sieht man schön die Struktur des Untergrunds, in diesem Fall einer Gemüseraspel.

Aus den Formen entsteht eine Landschaft wie aus
einem apokalyptischen Science-Fiction-Film.

Der Zufall stand bei diesem Motiv Pate, denn das Blatt war nichts anderes als ein Test-blatt. Durch mehr oder weniger unbewusstes Kritzeln entstand dann nach und nach ein seltsames Bild, das an berstendes Holz erinnert.

Perspektivische Ergän-
zungen der einzelnen
Flächen lassen ein
Bild entstehen (siehe
Seite 69).

Anfangs ist es ein Testblatt
für Strukturen.

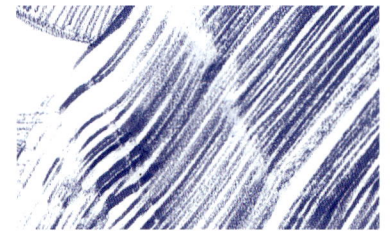

Im Detail sind Strukturen
erkennbar, die der
von Holz ähneln.

Ein kleiner technischer Einschub

Bisher haben wir uns bei den Motiven fast nur im zweidimensionalen Raum bewegt. Bei den letzten Themen gab es aber auch schon die eine oder andere kleine perspektivische und dreidimensionale Spielerei. Also schauen wir uns das mit der Dreidimensionalität etwas genauer an, denn weiteres Wissen über nützliche Zeichentechniken kann nie schaden.

Hier sieht man wie aus der zweidimensionalen Darstellung eines Dreiecks, eines Kreises und eines Rechtecks zunächst flache dreidimensionale Formen werden. In der unteren Reihe werden daraus mit Hilfe von Schraffuren ein Kegel, eine Kugel und ein Zylinder.

Zweidimensional

Dreidimensional abgeflacht

Voll dreidimensional

Licht von oben

Licht schräg von der Seite

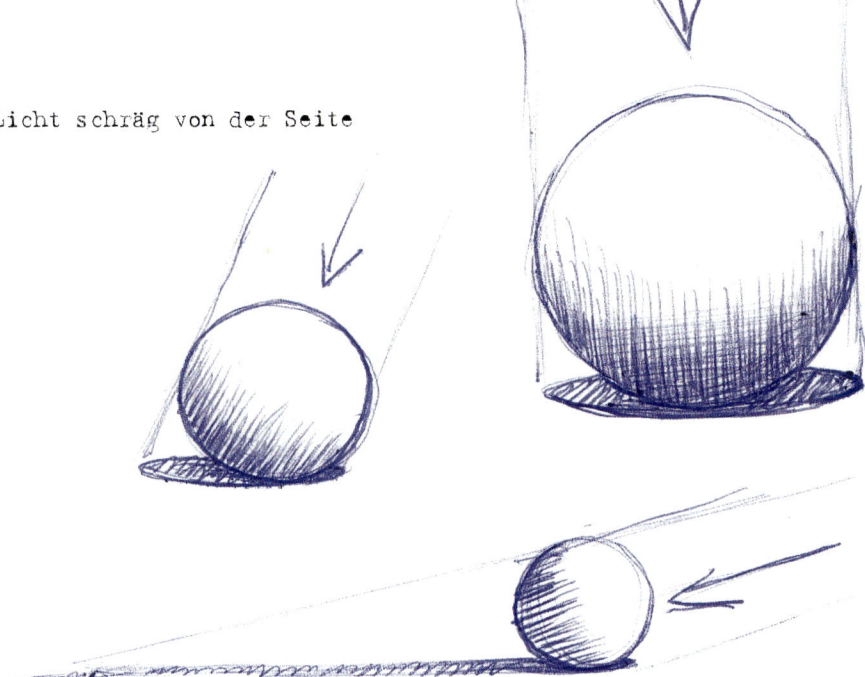

Licht von der Seite.
Der Schatten wird ganz lang.

Licht von hinten

Licht von schräg
unten

Wichtig bei der dreidimensionalen Gestaltung sind Licht und Schatten, weshalb man
sich immer vergegenwärtigen sollte, von wo
das Licht kommt und wo der dunkel gezeich-
nete Schatten hinfällt.

Ein abstraktes Tagebuch

Um mit geometrischen Formen noch etwas lockerer umzugehen, hier die Idee für ein abstraktes Bild, in das eine zweite Bedeutungsebene eingebaut ist. In die Flächen sind kleine Texte eingearbeitet, welche den Charakter eines Tagebuchs haben. Das Erlebte eines Tages (oder einer Woche) wird zum Bild und das Leben zu einer abstrakten Bildergalerie.

Die einfachen geometrischen
Ausgangsformen.

Über den Text wird es nachvollziehbar - das fertige, abstrakte Bild handelt von einen Sonnertag. Besonders Wert sollte nan hier auf die Textgestaltung legen. Bei diesen Bild variieren die Schriftgrößen und Schriftbreiten von Zeile zu Zeile deutlich.

Moderne Traumhäuser – Konstruktion vs. Fantasie

Es gibt immer zwei Möglichkeiten sich einer Idee zu nähern: einerseits mit dem Verstand und andererseits mit dem Herzen. Der Verstand gibt einem vielleicht klare einfache Strukturen vor, während das Herz Luftschlösser baut. Das sieht man auch auf dieser Doppelseite.
Wer träumt nicht manchmal von einem modernen Luxushaus? Mit wenigen Strichen lassen sich. mittels geometrischer Grundformen, futuristische Häuser konzipieren.

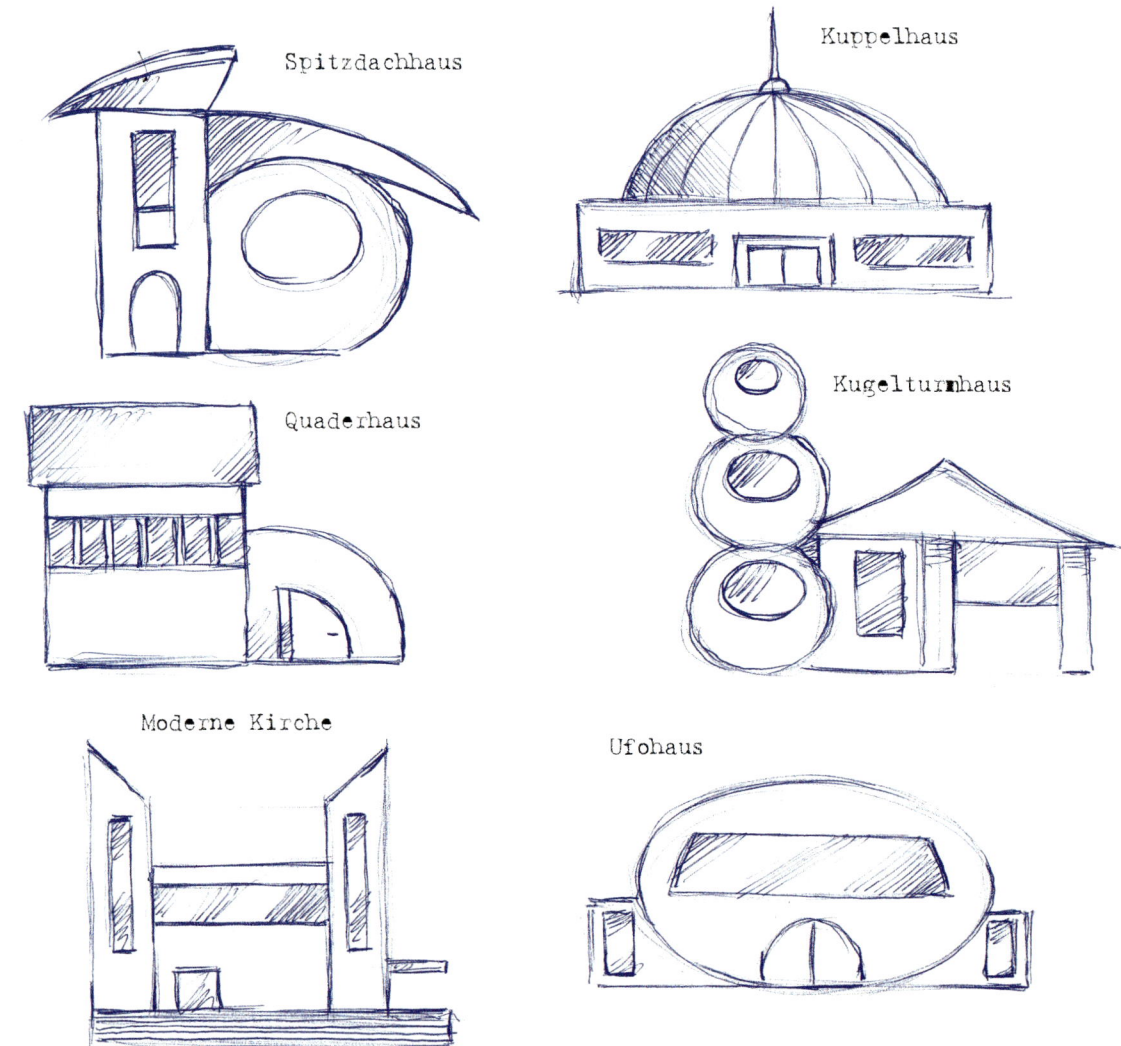

Spitzdachhaus

Kuppelhaus

Quaderhaus

Kugelturmhaus

Moderne Kirche

Ufohaus

Modern anmutende Architektur im Miniformat konzipiert.

Seifenblasenhaus

Hornhaus

Blumenhaus

Fächerhaus

Im Gegensatz dazu gibt es für diese Häuser keine Grenzen, weder was die Statik angeht, noch was die Materialien betrifft. Die Ideen sind einzig und allein von der Fantasie gelenkt ohne Rücksicht auf die Möglichkeit, es tatsächlich zu bauen.

Perspektive ... gääääähhhn - oder doch nicht?

Die meisten von uns wurden sicher schon in der Schule mit dem Thema „Perspektive" konfrontiert und hatten vielleicht wenig Spaß daran. Nun, zu manchen Dingen findet man erst später einen Zugang. Weil die perspektivische Darstellung tatsächlich ungeahnte Möglichkeiten eröffnet, ändert sich bei vielen die Einstellung ihr gegenüber – plötzlich ist sie interessant. Hier zunächst die graue Theorie, die vielleicht noch aus der Schule bekannt ist. Es gibt vier Grundformen der Perspektive:

1. Die Isometrie: alle gegenüber liegenden Linien sind parallel.

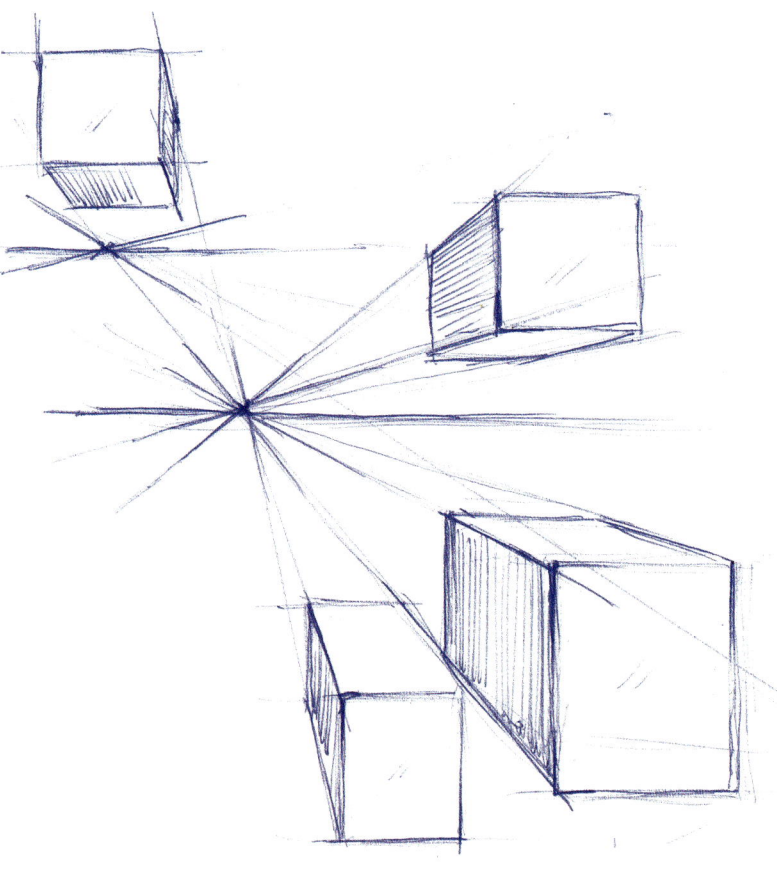

2. Die Einpunktperspektive: Im Raum nach hinten verlaufende Linien fluchten in einem Punkt auf dem Horizont.

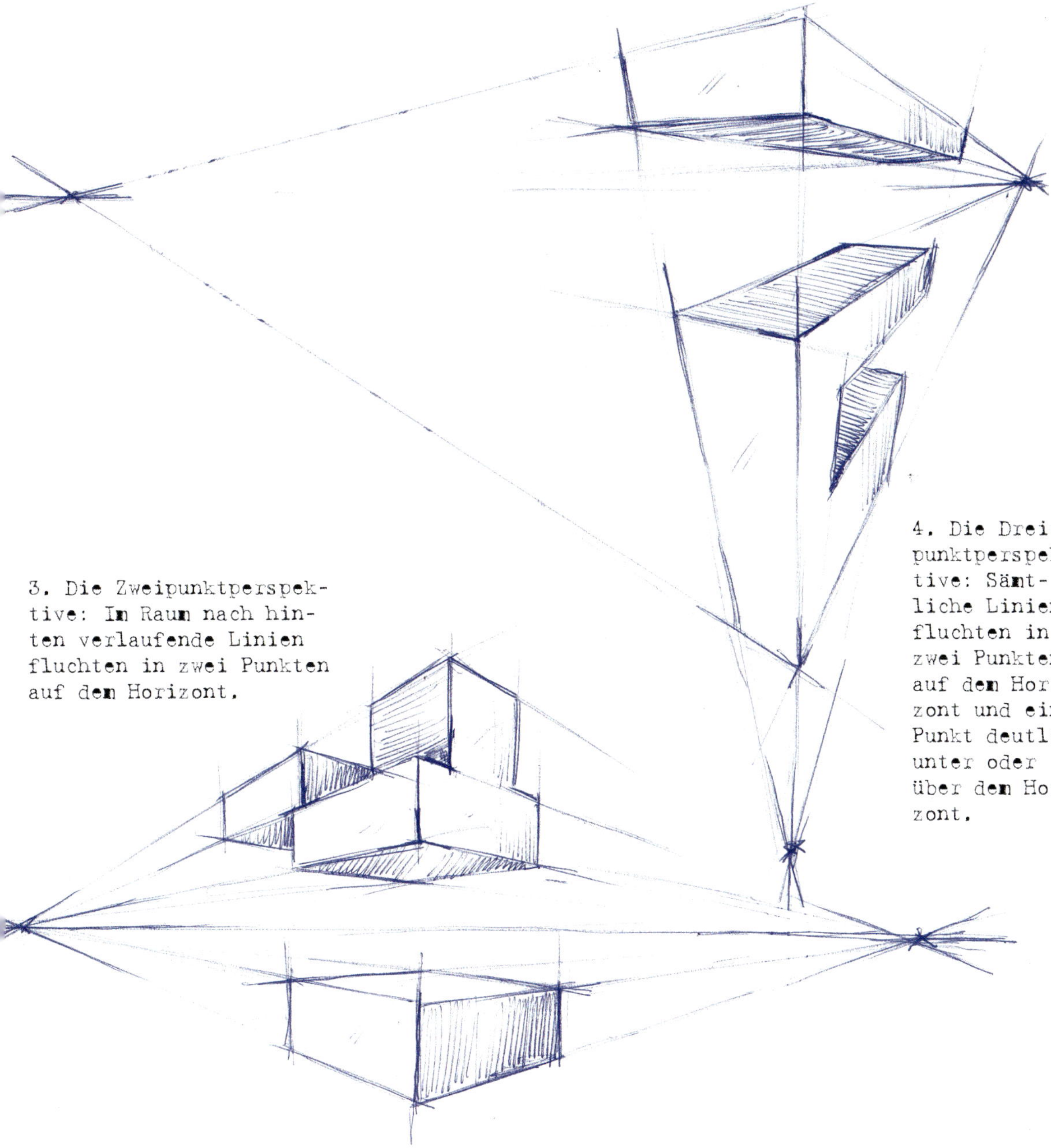

4. Die Drei-
punktperspek-
tive: Sämt-
liche Linien
fluchten in
zwei Punkten,
auf dem Hori-
zont und einem
Punkt deutlich
unter oder
über dem Hori-
zont.

3. Die Zweipunktperspek-
tive: Im Raum nach hin-
ten verlaufende Linien
fluchten in zwei Punkten
auf dem Horizont.

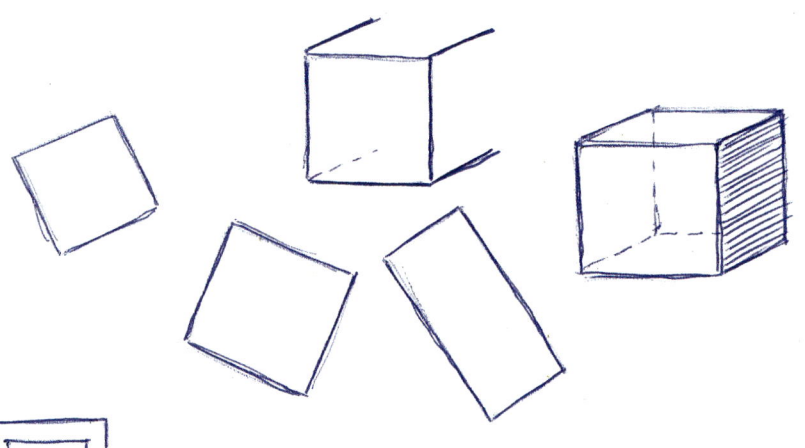

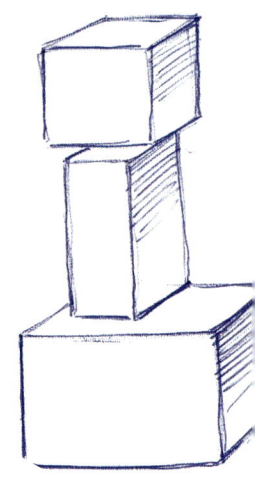

Würfeliges

Nur zur Info: Man kommt als Zeichner auch ganz gut mit einfachen isometrischen Darstellungen zurecht oder auch gelegentlich mit einer Einpunktperspektive. Die Zwei- und Dreipunktperspektive benötigt man nur für ganz spezielle Darstellungen, die aber nicht Thema dieses Buches sind. Spaß macht es dann, wenn man mit gezeichneten Bauklötzen anfängt zu spielen und die Motive einfach wachsen lässt. Und am meisten Spaß macht es, wenn bewusst mit der Perspektive gespielt wird – so wie in dem King-Kong-Motiv!

Einfach isometrische
Übungen und King Kong
an der Spitze eines sich
biegenden Hochhauses
(siehe Seite 79).

Eine Ruine wird zum Fantasy-Palast

Was haben ein altes Mathematik-Übungsblatt und die seit Jahrzehnten leer stehende Ruine einer alten Fabrik gemeinsam? Den Kugelschreiber, der sie auf dem Mathematik-Übungsblatt zum Entwurf eines Fantasy-Palastes zusammenbringt!
Manchmal tut es gut, sich zeichnerisch von der Realität wegzuträumen. Wenige Kenntnisse in Sachen Perspektive genügen und schon kann es losgehen.

Foto der alten Fabrik.

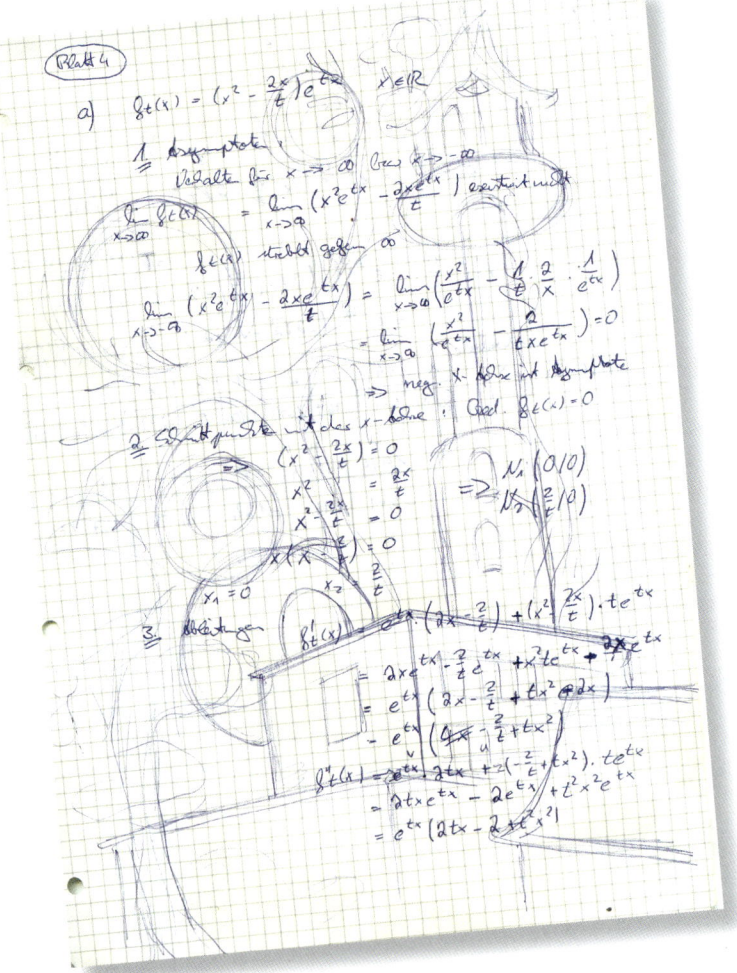

Erste Striche auf dem Übungsblatt.

Die fertige Skizze eines Fantasy-Hauses.

Ein Projekt skizzieren

Wer ein wenig Kenntnis in perspektivischem Zeichnen hat, für den eröffnen sich noch ganz andere Möglichkeiten. Schnell kann er bei einer Präsentation ein paar gelungene Striche auf das Papier bringen. Zudem wird es einfach, seinen persönlichen Ideen mit wenig Zeitaufwand ein Gesicht zu verleihen. Bei diesen Skizzen kam der Wunsch nach einem kleinen Haus am Meer aufs Papier, die architektonischen Grundideen sind zu sehen.

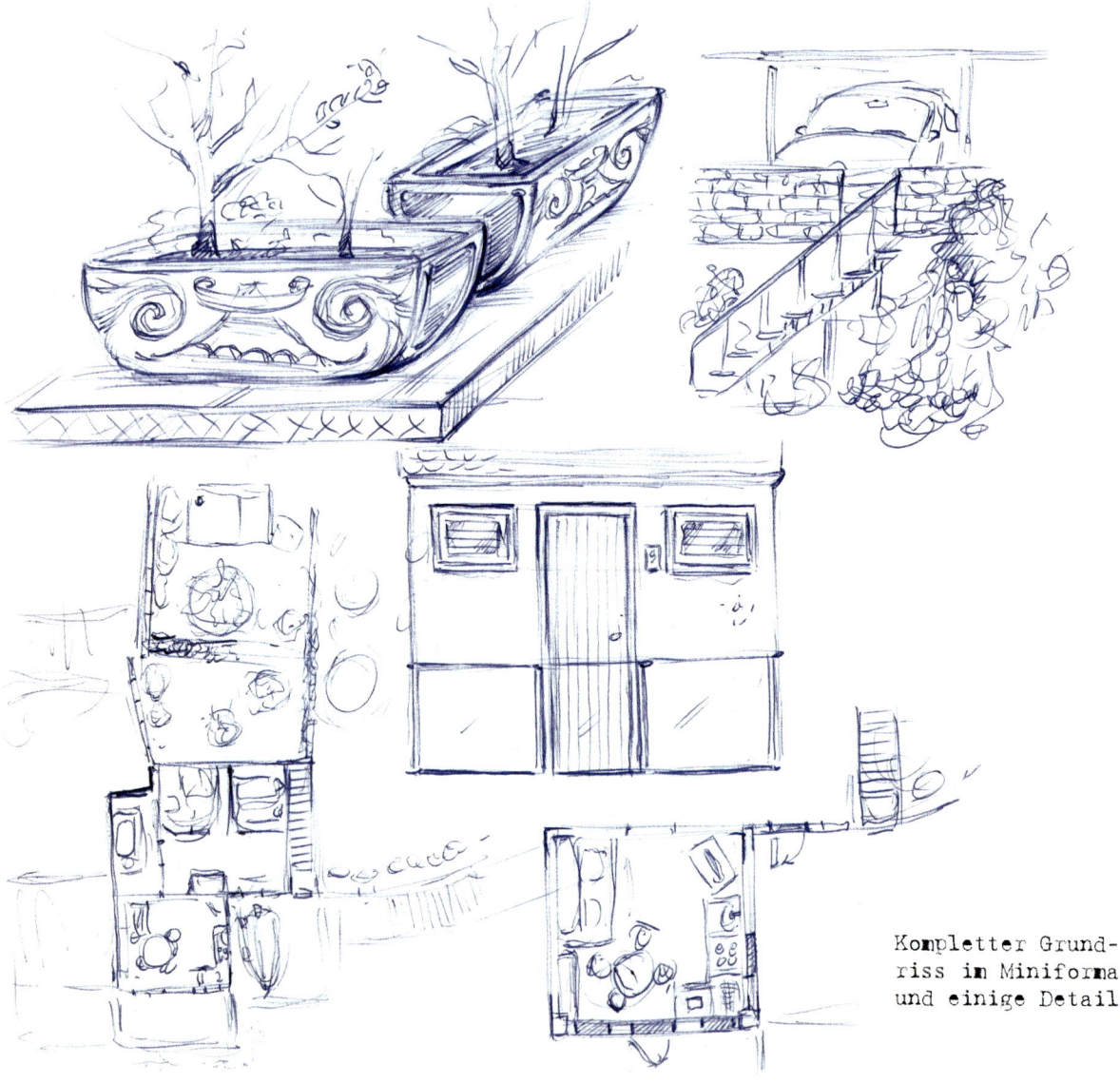

Kompletter Grund-
riss im Miniformat
und einige Details

Komplette Außenansicht, Details
und der Grundriss des Bades.

5. Der Normalabstand (1600 m Niederschl 8°C z.B.)

100

25

9,8   13

zusammengezogen

Pixeliges Pixel

Wer hat noch nie beim Telefonieren, ganz unbewusst, mit dem Kugelschreiber die Kästchen eines karierten Papiers vollgekritzelt? Wissenschaftler haben bewiesen: Das unbewusste Zeichnen während eines Vortrags oder einem Gespräch lenkt nicht ab, sondern erhöht sogar die Konzentration. Also einfach mal ein altes Schmierblatt (oder wie auf dieser Seite eine Klassenarbeit) auf dem Tisch liegen lassen und immer weiterkritzeln.

Wer Kulis in verschiedenen Farben zur Verfügung hat, kann die Kritzeleien auch farblich gestalten, was den unbewussten, kreativen Zeitvertreib noch bunter und fröhlicher macht.

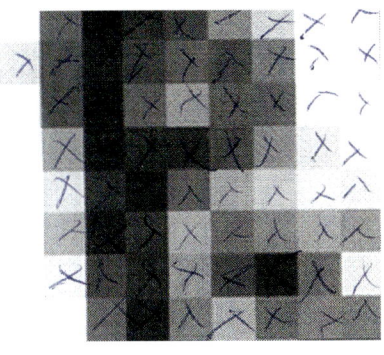

Detail des pixeligen Ausdrucks für das Motive auf Seite 87. Es ist wichtig, Kästchen für Kästchen abzuhaken, damit man den Überblick nicht verliert.

Das Detail zeigt, wie Fläche für Fläche mit Minischraffuren versehen wird.

hmierblatt mit
stchengebilden (siehe Seite 84).

Pixelkunst trifft Hollywood-Ikonen

Der Begriff „Pixel" definiert eine bestimmte Größe von winzigen digitalen Bildpunkten, aus welchen sich heutzutage jedes Foto zusammensetzt. Zu Zeiten der großen Hollywood-Stars gab es die digitale Welt noch nicht, umso spannender ist es, dies künstlerisch zu vereinen.

So entstand das Gesicht des früh verstorbenen Schauspielers.

Als Erstes muss man ein Bild am Computer rechnerisch so reduzieren, dass es ganz klein und pixelig wird (zum Beispiel eine Bildgröße von 1,2 x 1,2 cm bei 72 dpi). Dann muss dieses Bild auf Din-A4-Größe skaliert und ausgedruckt werden, sodass jedes Pixel ungefähr die Größe eines Karos auf einem Karopapier hat. Nun kann man Kästchen für Kästchen in der entsprechenden Helligkeit auf dem Karopapier nachzeichnen.

Aus der Ferne erkennt man diese weibliche Hollywood-Legende.

Verrückte Collagen

Waren schon beim vorangegangenen Thema Fotos die Inspirationsquelle, so werden hier die Fotos ganz direkt ins Bild miteinbezogen. Dabei gibt es zwei Möglichkeiten: Entweder man zerschneidet Fotos und klebt diese auf das Papier oder man schneidet sie in einem Grafikprogramm zu und druckt sie dann aus. Die zweite Variante hat den Vorteil, dass das Papier von der Oberfläche her besser zu gestalten ist als die glatte Fläche eines Fotos.

Aus einer Ananas entsteht, Schritt für Schritt, dieser Spiralaugenfreak.

So entsteht eine
Apfeltroll.

Und so macht man
einen Tomatenwichtel.

Kritze-
liges

Es ist der Wunsch fast jedes
ambitionierten Zeichners,
aus locker hingeworfenen
Strichen und Schraffuren
ein Bild entstehen zu lassen.
Aber was als Ergebnis so
mühelos und leicht erscheint,
ist in Wirklichkeit Resultat
eines anspruchsvollen
Prozesses. Doch es gibt
einen Trick, um diesen zu
meistern. Zunächst vergrö-
ßert man ein Foto auf dem
Bildschirm eines Notebooks
oder Tablets auf die ge-
wünschte Zeichengröße, legt
ein Papier auf den Bildschirm
und fängt an, die durch-
scheinenden Konturen des
Fotos mit dem Kuli ungenau
nachzuzeichnen. (Vorsichtig
sein, um nicht den Bildschirm
zu zerkratzen.)
Dabei verdichtet man die
Linien im Bereich der dunklen
Flächen, während man die
hellen ausspart. Nun muss
man nur noch rechtzeitig
aufhören, damit alles noch
spontan und locker wirkt.

Kleine Landschaften eignen sich sehr gut als erste
Testmotive.

Deutlich schwieriger sind Gesichter, besonders wenn man den Anspruch hat, dass sich die abgebildeten Personen auch erkennen sollen.

Mit der Erfahrung wird man sicherer im Zeichnen und kann sich dann auch an komple-xere Motive wagen. Da die Kritzeltechnik wenig Zeit benötigt, ist es auch nicht weiter schlimm, wenn etwas daneben geht. Dann das Motiv einfach gleich nochmal probieren.

Schon nach ganz wenigen Strichen erkennt man, um wen es sich bei dem Gesicht handelt.

Das Detail zeigt eine Mög-lichkeit der Kritzeltech-nik.

Hier ist das fer-
tige Portrait des
berühmten Professor
Einstein.

Um komplexe Bilder wie die Weltmetropole New York darzustellen, muss man diese stark abstrahieren, sprich, verein-
fachen. Bei so kleinteiligen Elementen wie die Fenster wäre
das Bild sonst nicht mehr zu erkennen.

In der Vergößerung sieht
man die Abstraktion sehr
deutlich.

Mit wenigen Strichen wird das Empire State
Building und die umliegenden Wolkenkratzer
erfasst.

Wo möglich werden Fenster-
und Fassadenelemente
ergänzt.

Am Ende fügt es sich zu
einer flirrenden
Stadtansicht zusammen.

Im Kontrast zu der Wolkenkratzer-Metropole New York auf der vorherigen Seite, hier eine Zeichnung der Ponte Vecchio in Florenz. Das Interessante dabei ist, die Kombination aus Fluss, alter Fassaden und nach hinten gestaffelten Brücken.

In der Vergrößerung sieht man das lockere Liniengeflecht, welches nahezu abstrakt wirkt.

Erste lockere Linien werden gezeichnet.

Nun Fassaden und Fenster einzeichnen.

Die fertige Ansicht der Ponte Vecchio.

Back to Innocence

Ich gebe zu, dass mir dieses Thema von allen am meisten Freude bereitet hat. Die Unbefangenheit, mit der Kinder zeichnen, die Formenvielfalt, der Humor – wohin verschwindet das nur, wenn man erwachsen wird? Picasso hat einmal gesagt, er habe ein Leben lang gebraucht, um wieder so zeichnen und malen zu können wie ein Kind. Aber warum nicht einfach gemeinsam mit Kindern malen und zeichnen? Für Kinder eignen sich Kugelschreiber ebenso wie für Erwachsene, da sie einfach zu benutzen sind und weich über das Papier rollen.

Die Abbildungen zeigen im ersten Schritt die Bilder einer Fünfjährigen und im zweiten Schritt was ich, mit Einverständnis meiner Tochter, daraus gemacht habe.

Die Tierwelt
meiner fünfjährigen Tochter.

GIRAFFE
HUND
PAPAGAI

Meine zeichnerische
Variante des Kinderbildes.

GIRAFFE
HUND
PAPAGAI

RIASPUPU

ALFRAI ISTFOLER

FROINDE RIGEL

SARA

PIA

Kinder zeichnen gerne
ihre Eltern, Geschwis-
ter und Freunde.

SARA

SARA

SARA

Daphne

PIA
PIA
PIA

MALEN
KANDaphne

Papa trifft Tochter:
Rot-blaues Bilddetail

Die von mir dazu gezeichneten Ornamente und Schraffuren umrahmen die
Genialität der kindlichen Sichtweise
(siehe Seite 101).

Schmierblätter

Sie liegen auf dem Schreibtisch oder auf der Kommode für die schnellen Notizen zwischen-
durch. Oder man benutzt sie, wenn man sich bei der Lösung einer Aufgabe nicht sicher ist.
Manchmal zeichnet man auch gedankenverloren ein paar Linien, Strukturen und Formen
darauf. Genauso ist es bei diesem originalen Schmierblatt geschehen, wo plötzlich – vielleicht
in Erinnerung an den letzten Urlaub im Süden – ganz unbewusst ein paar Ovale aufs Papier
kamen, die an die Ohren eines Kaktus' erinnern. Viel zu schade, um es später in den Müll zu
werfen, also weiter zeichnen und schauen, was daraus entsteht.

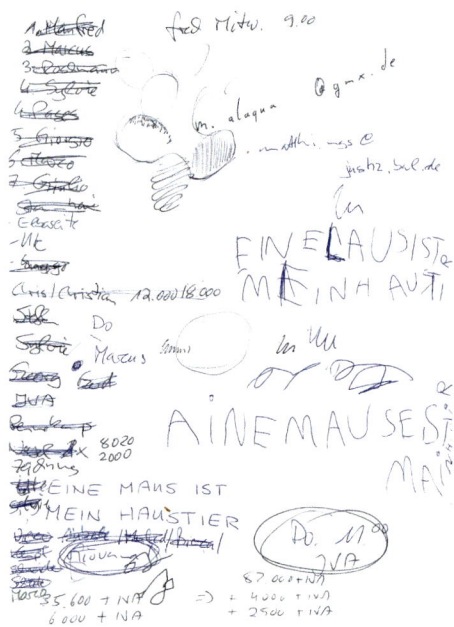

Das Schmierblatt, so wie es auf
den Schreibtisch lag.

Das Detail zeigt den schar-
fen Kontrast zwischen blau-
er und roter Kugelschrei-
bertinte.

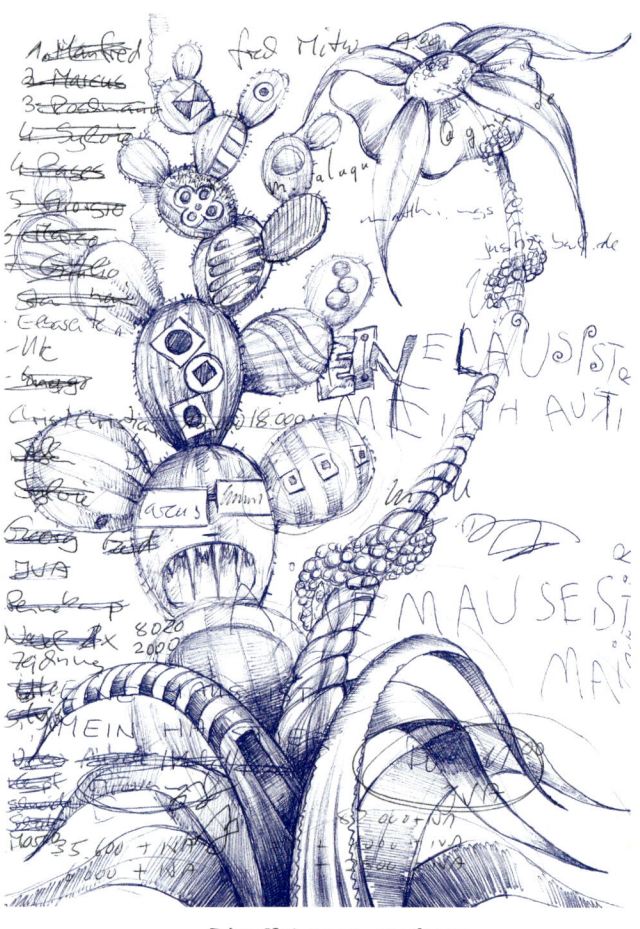

Die Kakteen wuchern
über das Papier.

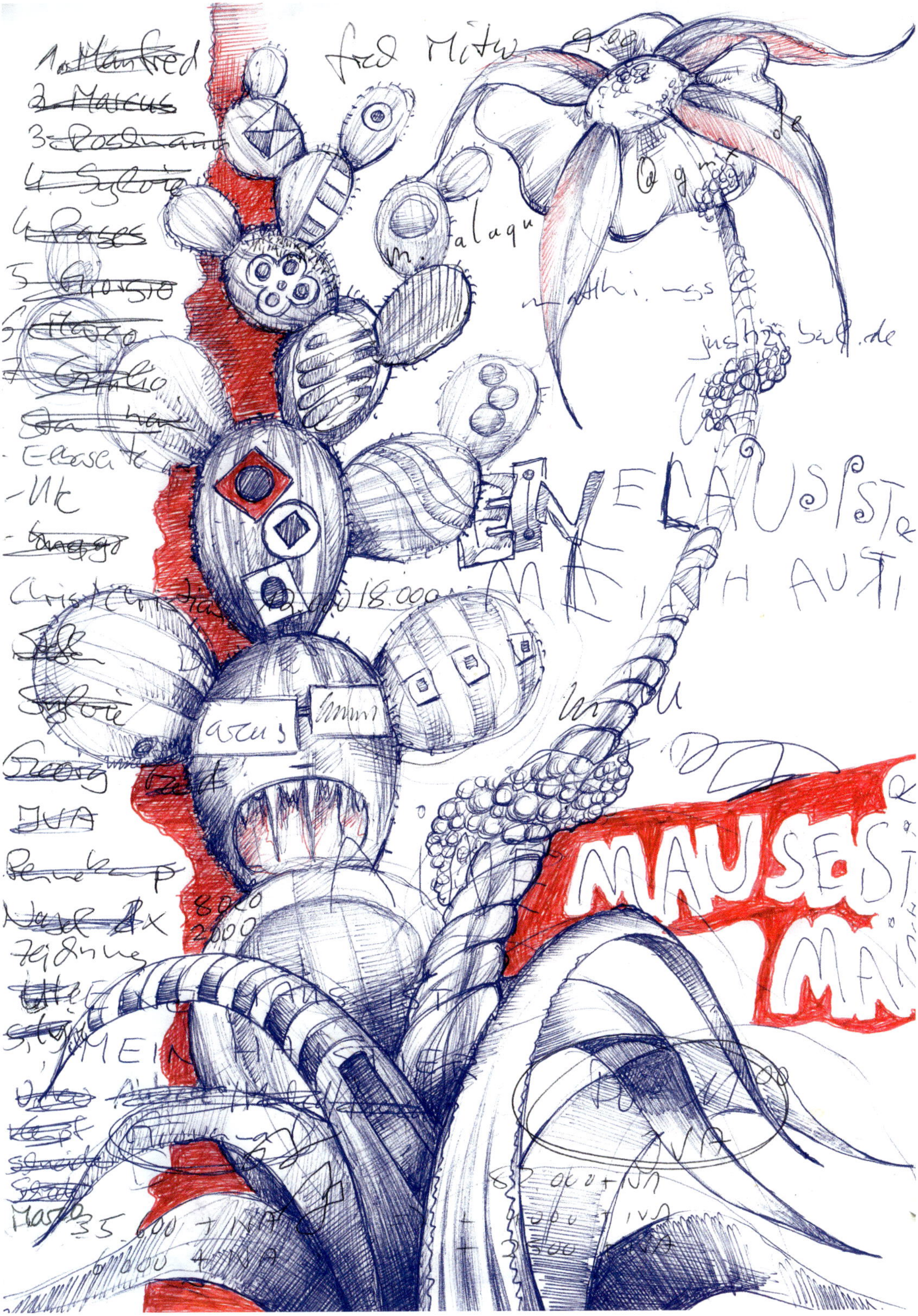

An Ende entsteht ein eigenwilliges und eindringliches Bild,
wie man es bewusst nie planen könnte.

Inner und Überall!

was alles im Kuli steckt

Nachricht an den Thronfolger

Manchmal dauert eine Sitzung am stillen Örtchen etwas länger als geplant. Warum also nicht seinem Nachfolger auf dem „Thron" eine kleine Botschaft hinterlassen? Einen Kuli hat man oft in der Tasche und vielleicht auch ein Heft, auf das man das Klopapier legen kann. Und schon kann es losgehen mit dem Zeichnen der Klo-Messages.

Klopapier-Botschaften

Handelt es sich um ein öffentliches Klo oder um ein privates Klo? Weiß man, wer nach einem auf das stille Örtchen kommt, oder sind es vermutlich Fremde? Das ist es, was die Aktion so spannend macht, denn man weiß ja nie wer die Klopapierbotschaft bekommt und ebenso weiß der Finder nicht, wer es gezeichnet oder geschrieben hat. Fingerspitzengefühl ist gefragt oder im Gegenteil eine anonyme Botschaft, die es in sich hat.

Vorsichtig zeichnen, denn das Papier ist sehr weich und bekommt schnell Löcher.

Bleibende Erinnerung

Im harten Kontrast zu den Klosprüchen steht diese Gestaltungsvariante. Bei dem Theaterstück dieses Kulturveranstalters ging es um den deutschen Dichter Matthias Claudius, der vor allem mit dem Gedicht und Lied „Der Mond ist aufgegangen" in die Geschichte eingegangen ist.

Auf der Programmankündigung und der Eintrittskarte entstand ein Portrait des Dichters, das einen schönen Bogen zwischen Vergangenheit und Gegenwart spannt. Die Zeichentechnik wird beim „Fotorealismus" auf Seite 120 genauer beschrieben.

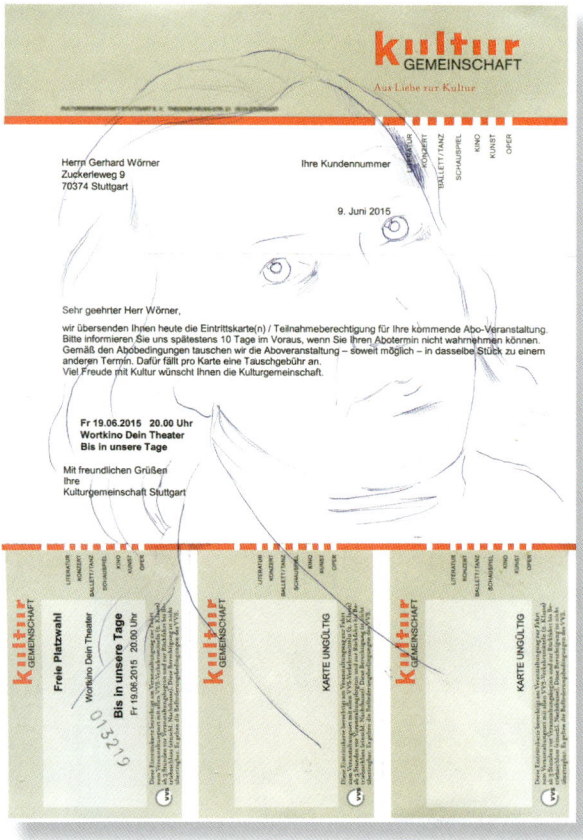

Die Umrisse sowie erste Schraffuren zeigen die Konturen des Gesichts.

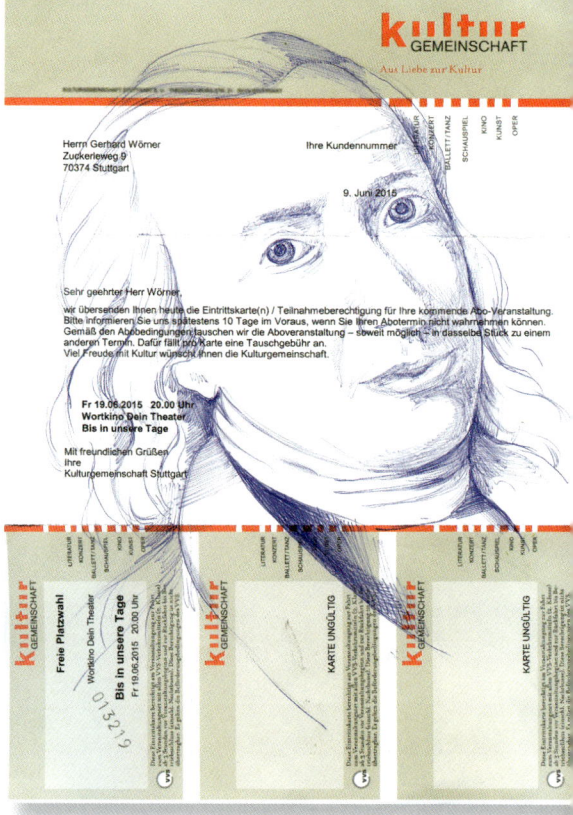

Nun können erste Details wie Augen und Mund ausgearbeitet werden.

GEMEINSCHAFT

Aus Liebe zur Kultur

LITERATUR KONZERT BALLETT/TANZ SCHAUSPIEL KINO KUNST OPER

Herrn Gerhard Wörner
Zuckerleweg 9
70374 Stuttgart

Ihre Kundennummer

9. Juni 2015

Sehr geehrter Herr Wörner,

wir übersenden Ihnen heute die Eintrittskarte(n) / Teilnahmeberechtigung für Ihre kommende Abo-Veranstaltung.
Bitte informieren Sie uns spätestens 10 Tage im Voraus, wenn Sie Ihren Abotermin nicht wahrnehmen können.
Gemäß den Abobedingungen tauschen wir die Aboveranstaltung – soweit möglich – in dasselbe Stück zu einem
anderen Termin. Dafür fällt pro Karte eine Tauschgebühr an.
Viel Freude mit Kultur wünscht Ihnen die Kulturgemeinschaft.

Fr 19.06.2015 20.00 Uhr
Wortkino Dein Theater
Bis in unsere Tage

Mit freundlichen Grüßen
Ihre
Kulturgemeinschaft Stuttgart

Freie Platzwahl

Wortkino Dein Theater

Bis in unsere Tage

Fr 19.06.2015 20.00 Uhr

013219

LITERATUR KONZERT BALLETT/TANZ SCHAUSPIEL KINO KUNST OPER

Kultur GEMEINSCHAFT

KARTE UNGÜLTIG

Kultur GEMEINSCHAFT

KARTE UNGÜLTIG

Wolfgang **Rihm**: Streichquartett Nr. 4
Johann Sebastian **Bach**:
Suite Nr. 4 Es-Dur BWV 1010 für Violoncello
(Bearbeitung für Fagott)
Eugène **Ysaÿe**: Sonate op. 27 Nr. 3 »Ballade«
Alfred **Schnittke**: Fuge für Violine
Johann Sebastian **Bach**:
Sarabande aus Partita Nr. 2 d-Moll BWV 1004
für Violine Béla Bartók: 44 Duos für zwei
Violinen Sz 98 (Auswahl)
Camille **Saint-Saëns**: Sonate G-Dur op. 168
Béla **Bartók**: Streichquartett Nr. 5 Sz 85

25 Sa 20.00 Uhr
Forum am Schlosspark
Ludwigsburg

Abschlusskonzert
Orchester der Schlossfestspiele
Pietari Inkinen (Leitung)
Pinchas Zukerman (Violine)
Ludwig van **Beethoven**:
Violinkonzert D-Dur op. 61
Dmitri **Schostakowitsch**:
Sinfonie Nr. 5 d-Moll op. 47

Musikfest Stuttgart

5 Sa 19.00 Uhr
Beethoven-Saal / KKL

Eröffnungskonzert
Gächinger Kantorei Stuttgart und
Bach-Collegium Stuttgart
Hans-Christoph Rademann (Leitung)
Tilman Michael (Einstudierung Chor)
Marlis Petersen (Elettra), Stella Doufexis
(Idamante), Anna Lucia Richter (Illia),
Lothar Odinius (Idomeneo), Kenneth Tarver
(Arbace), David Steffens (La Voce)
Wolfgang Amadeus **Mozart**:
»Idomeneo, Rè di Creta« KV 366
(Konzertante Aufführung)

6 So 19.00 Uhr
Mozart-Saal / KKL

Liedertafel: Fünf Freunde
Markus Schäfer (Tenor), Christian Elsner
(Tenor), Michael Volle (Bariton), Franz-Josef
Selig (Bass), Gerold Huber (Klavier)
Lieder, Volkslieder und Vokalquartette von
Franz **Schubert**, Johannes **Brahms** und
Felix **Mendelssohn** Bartholdy

Freilichtspiele Schwäbisch Hall

Freilichtspiele Schwäbisch Hall
Am Markt 2
74523 Schwäbisch Hall
Telefon 0791 751 600

Sa 25.7., 20.30 Uhr, Abo 8225
The Stairways to Heaven
Eine Revue über die 70er und 80er Jahre
von Christoph Biermeier, Georg Kistner
und Coy Middlebrook

LOKSTOFF!
Theater im öffentlichen Raum

Kartenverkauf über
www.kulturgemeinschaft.de,
www.lokstoff.com oder
Telefon 0711 224 77-56

Do 16.7. und Fr 10.7., jeweils 21.15 Uhr
**Vorher/Nachher. Eine bedenkliche
Reise im Bus**
Spielort: Bushaltestelle Schlossplatz
Stuttgart (fahrender Linienbus)

Sa 11.7., 20.30 Uhr
Bruderreisen: ein Traum
Spielort: Bushaltestelle Schlossplatz
Stuttgart (fahrender Linienbus)

Do 23.7., 19.00 Uhr
**Revolutionskinder. Ein Schauspiel über
die Sehnsucht nach Freiheit**
Spielort: Stadtbibliothek Stuttgart
Mailänder Platz 1, 70173 Stuttgart

Nick und Dylan haben sich an der kolumbia-
nischen Küste ihren Traum von einer kleinen
Surfschule erfüllt. Fast paradiesisch wird es,
als Nick sich in Maria, die Nichte des Drogen-
barons Pablo Escobar, verliebt. An den wenden sich die Brüder um Hilfe, als ihnen lokale
Kleingangster drohen. Der mächtige »Pat-
ron« regelt die Sache für seinen neugewon-
nenen »Sohn«, verlangt dafür aber schon
bald Gegenleistungen. Und so findet sich
Nick plötzlich in einem Kreislauf aus Korrupti-
on, Gewalt und Blutvergießen wieder.
Eine Art »Escobar privat« liefert Andrea Di
Stefano in seinem Kinoerstling vor traum-
hafter Palmenkulisse, der hier den Famili-
enmenschen, da den notorischen Verbre-
cher zeigt. Mit differenziertem Spiel er-
weckt Oscar-Preisträger Benicio del Toro
den monomanen Gangster zum Leben, und
schickt mischt der Filmemacher nach eige-
nem Skript Fakten mit Fiktion.

12 So 15 Mi Atelier am Bollwerk
114 Minuten

Kafkas Der Bau
von Jochen Alexander Freydank, D 2014,
mit Axel Prahl, Josef Hader, Devid Striesow u.a.

Franz hat sich in seinem Berufs- und Famili-
enleben perfekt eingerichtet. Doch fürch-
tet er ständig, dass die von ihm aufgebau-
te Ordnung gestört werden könnte – von
anderen Menschen oder von allen mögli-
chen ominösen Gefahren. Er beginnt sich
zurückzuziehen, zu verbarrikadieren, seine
Wohnung in einen Bunker zu verwandeln.
Der mit dem Kurzfilm-Oscar prämierte Re-
gisseur Jochen Alexander Freydank legt ein
beklemmendes Drama nach Franz Kafkas
unvollendetem Text vor. Das psychologi-
sche Drama mit komischen/absurden
entwickelt sich zur Dystopie, ja bisweilen
zum Horrorfilm. Der vor allem als Münste-
raner »Tatort«-Kommissar bekannte Axel
Prahl zeigt in der Hauptrolle eindrücklich
die ganze Bandbreite seines Könnens und
wird von renommierten Kollegen wie Devid
Striesow und Josef Hader ergänzt.

15 Mi Delphi Arthaus Kino
96 Minuten, 20.00 Uhr

**Les Quatre Cents Coups – Sie küssten
und sie schlugen ihn (OmU)**
von François Truffaut
mit Jean-Pierre Léaud, Claire Maurier u.a.
Truffaut-Filmreihe in Zusammenarbeit mit
dem Institut Français de Stuttgart

Am liebsten schwänzt Antoine Doinel die
ihm verhasste Schule und schaut sich Filme
im Kino an. Dafür kassiert er von seiner gut-
herzigen Mutter und seinem Stiefvater regel-

Die Kultur-Maschinerie

Bleiben wir noch ein wenig in der Kunst- und Kulturszene. Bei diesem Blatt handelt es sich um den Auszug eines Kulturkalenders mit Ankündigungen zu verschiedenen Veranstaltungen. Darauf wurden Figuren gezeichnet, die an Gliederpuppen oder an die Figuren Oskar Schlemmers erinnern. Es wird die Fantasie einer durch Zahnräder symbolisierten Maschinerie gezeigt, in der sich der Mensch bewegt und in die er eingebunden ist. Auf das Zeitungsblatt werden mit wenigen Strichen die Figuren und Zahnräder skizziert. Anschließend können erste Schraffuren gezeichnet werden.

Das Detail zeigt das interessante Zusammenspiel zwischen gedruckten Buchstaben und gezeichneten Kugelschreiber-Linien.

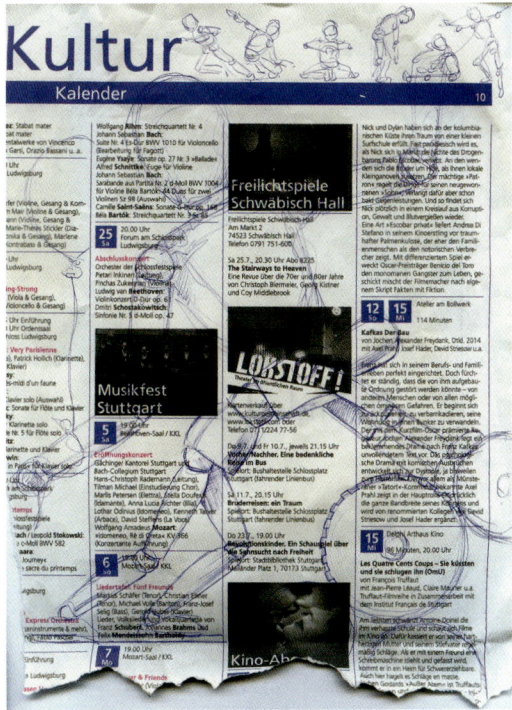

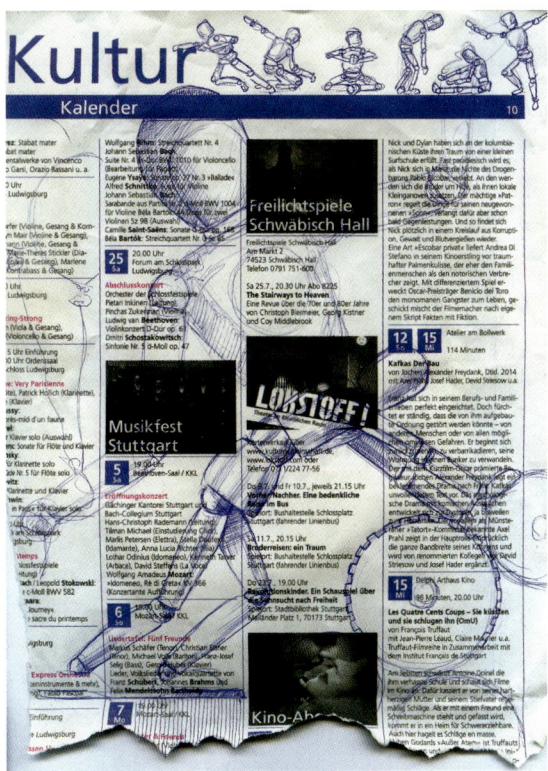

Die figürliche Komposition nutzt als Grundlage das Zeitungsblatt eines Kulturkalenders.

Monster jagen Schmetterlinge

Das Papier einer Küchenrolle ist mit bunten Schmetterlingen bedruckt. Das provoziert ja geradezu, eine lustig böse Zeichnung darauf zu machen. Es entsteht die Welt der schmetterlingsfressenden Monster. Technisch ist es nicht ganz einfach, wie auch beim Klopapier muss man darauf achten, dass das weiche mehrlagige Papier beim Zeichnen nicht reißt.

Mit ersten Strichen werden die schnappenden Monster angedeutet.

Das Detail zeigt einen Ausschnitt aus einem Monstermaul.

Mittels Schraffuren und Strukturen erwachen
die Monster zum Leben und erhaschen bunte
Schmetterlinge.

Wenn der Postmann klingelt ...

... dann bringt er heute meistens Rechnungen, Werbung oder Schreiben vom Finanzamt. Private Briefe sind im Zeitalter von Smartphones und Tablets sehr selten geworden. Umso mehr kann man einen geliebten Menschen überraschen, indem man ihm etwas per Post schickt und dabei den Umschlag auch noch originell gestaltet. Dafür gibt es natürlich eine Vielfalt an Varianten.

Dieses Motiv, auf einen kleinen Din A5 Umschlag gezeichnet ist für einen romantischen Zweck geeignet.

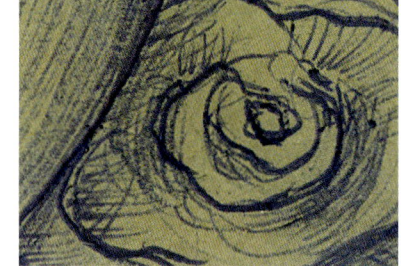

Das Detail zeigt die feinen Schraffuren einer Rosenblüte.

Das Motiv auf den großen Din-A4-Umschlag zeigt ein fröhliches Postmotiv, das technisch ähnlich angelegt ist wie die Fische auf Seite 18.

Das Detail zeigt eine flächige,
auf starke Kontraste ausgelegte
Gestaltung.

Das Buch der Geheimnisse

Trotz aller technischen Neuerungen, sozialer Netzwerke und digitaler Bilderfluten besitzen Bücher einen anhaltenden Reiz. Vielleicht möchte der eine oder andere doch noch ein ganz privates Büchlein führen, in das er seine persönlichen Geheimnisse einträgt und in das nur er allein reinschauen darf. Ein solches Notizbuch verdient eine besondere Gestaltung. Also her mit dem Kuli, um sich selbst als Held oder als Mystery-Girl (oder auch als etwas ganz anderes) auf den Titel zu zeichnen.

Die hellbraune Farbe des Einbands verleiht den Zeichnungen von Anfang an einen leichten Retrolook.

Retrolook, denn
das Blau des
Kulis vermischt
sich optisch mit
dem hellen Braun
des Umschlags.

Beobachten und karikieren

Vor geraumer Zeit saß ich im Freibad und beobachtete die anderen Besucher. Ich konnte nicht anders, als den Block aus der Tasche zu holen und mit schnellen Kulistrichen die Leute zu zeichnen – natürlich übertrieben dargestellt, damit es mehr Spaß macht. Und dann hing da diese alte Jutetasche im Gebüsch am Zaun und schaute bemitleidenswert zu mir rüber. „Okay", so mein Gedanke, „wenn du unbedingt willst ..." Und schon wurde eine Paar, das mich besonders inspirierte, auf dem alten schmutzigen Stoff verewigt.

Die original Karikaturen aus dem Freibad.

Die vergammelte
Tasche, die für
mich jetzt ein
Kunstobjekt ist.

Fotorealismus

Fotorealismus mit dem Kugelschreiber? Das kann ja nicht funktionieren, so denken viele. Gerade dann gilt es, das Experiment zu starten und die technischen Grenzen des Materials auszureizen. Am besten wählt man dafür drei Motive mit ganz unterschiedlichem Schwierigkeitsgrad: ein Wasser-tropfen (leicht), Kirschen (mittelschwer) und ein Auge mit Wimpern (schwer). Technische Grundlage für fotorealistische Zeichnungen sind die feinen Schraffurtechniken von Seite 13, denn die Verläufe sollten für das Auge ganz glatt und ohne Kanten sein. Diese feinen Schraffuren sollte man beherr-schen und viel Geduld beim Zeichnen mitbringen, dann gelingt das Bild.

In ersten Schritt werden fein die Konturen gezeichnet und einige markante dunkle Flächen gefüllt.

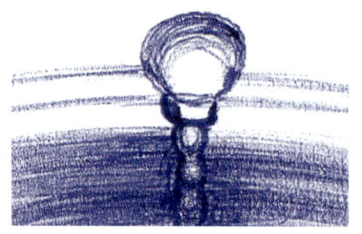
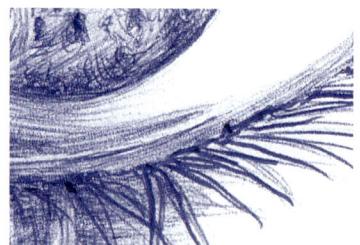
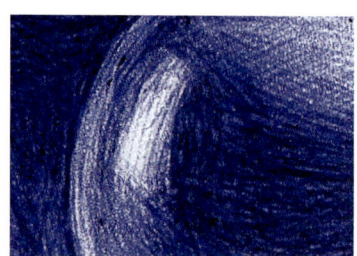

An den vergrößerten Details sieht man gut, wie fein die Schraffuren und Farbverläufe sind.

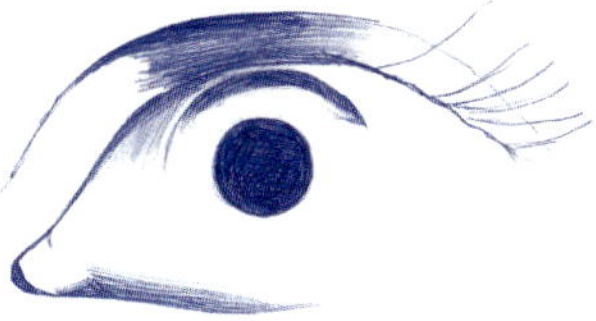

In zweiten Schritt werden hellere Schraffuren gezeichnet und erste Verläufe von Hell nach Dunkel angelegt.

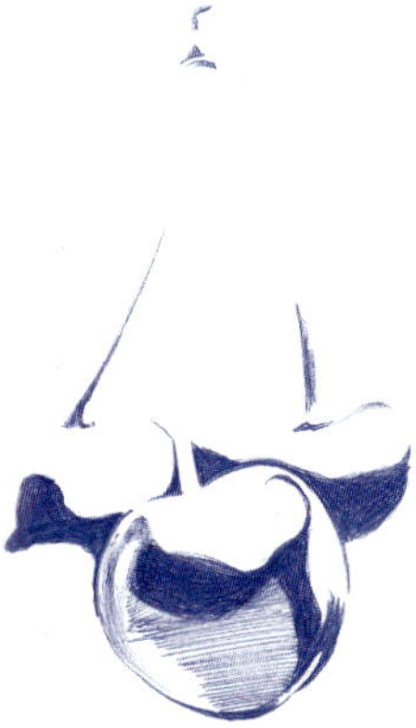

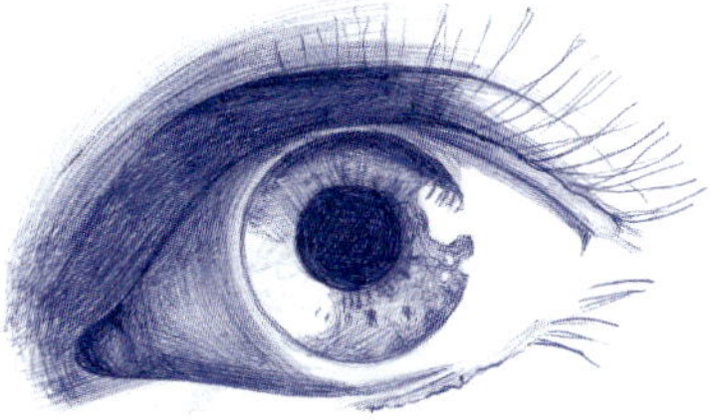

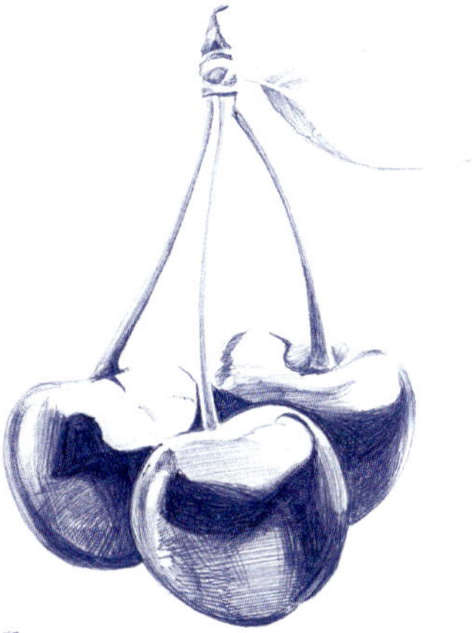

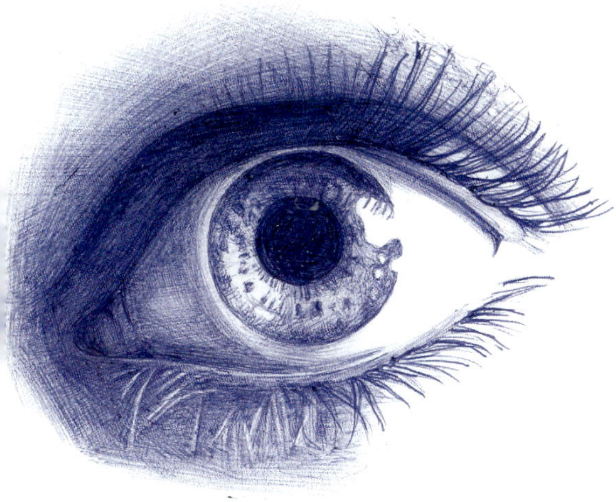

In dritten Schritt werden ganz feine Übergänge zwischen den hellen und dunklen Bildelementen gezeichnet und letzte Details hinzufügen.

Skorpion

Noch eine Stufe schwieriger ist der Skorpion mit den vielen winzigen Details und Strukturen auf der Oberfläche. Hier heißt es wirklich, ganz geduldig und mit großer Sorgfalt zu zeichnen, um jedem Aspekt gerecht zu werden.

In ersten Schritt werden die feine Konturen und erste dunkle Flächen angelegt. An Schwanz des Skorpions kann man schon testen, wie man mit der Oberflächengestaltung des Tieres zurechtkommt.

In zweiten Schritt werden die größeren, dunklen Flächen gefüllt.

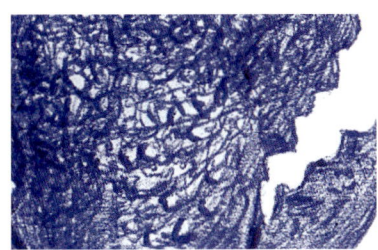

In stark vergrößerten Detail
sieht man gut, auf welche Art
und Weise die feinporigen und
unebenen Oberflächen im Bereich
der Zange gezeichnet wurden.

In dritten Schritt werden die feinen Übergänge
schraffiert. Das fertige Tier entsteht.

Wattwanderung

Letztlich kann man auch einen hohen Schwierigkeitsgrad noch toppen. Lange habe ich überlegt und kam am Ende auf das Bild einer Wattwanderung. Menschen verschiedenen Alters, kleine Gesichter, die teilweise noch im Schatten liegen, eine Spiegelung auf der Wasseroberfläche, Faltenwürfe und noch vieles mehr. Das Motiv ist ideal, um wirklich zu sehen, was der Kuli leisten kann. Wer die Grundzeichnung freihand nicht gut hinbekommt, der kann sich eines kleinen Tricks bedienen. Dabei wird die Vorlage ganz fein auf das Papier durchgepaust, wobei nicht die Konturen durchgepaust werden, sondern die einzelnen Flächen in ihren Graustufen, ganz ähnlich wie beim Thema „Pixeliges" von Seite 85. Anschließend geht man genauso vor wie bei den anderen Bildern aus dem „Fotorealismus". Noch mehr als sonst sind aber Geduld und Konzentration notwendig, denn leider lässt sich Kugelschreibertinte nicht radieren.

Das Bild zeigt die Vorgehensweise beim Abpausen, es werden nicht nur die Konturen des Motivs übertragen, sondern vor allem die Konturen der einzelnen Schattenflächen.

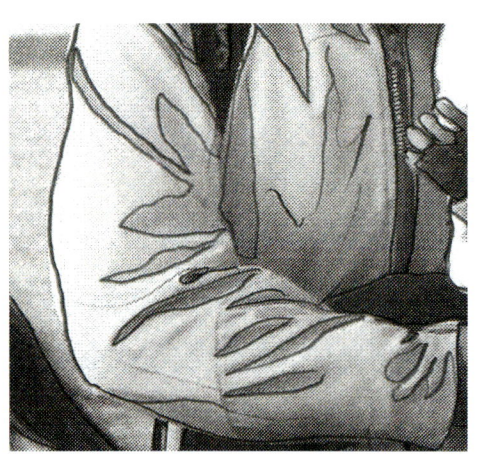

Am Gesicht der Frau wird deutlich, wie fein die Schraffuren sein müssen, damit das Gesicht real wirkt.

as fertige Bild
er Wattwanderung.

Buchtipps

Weitere Bücher des Autor:

TOPP 8339
ISBN 978-3-7724-8339-4

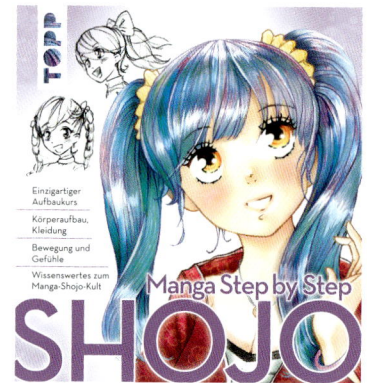

TOPP 8332
ISBN 978-3-7724-8332-5

TOPP 8312
ISBN 978-3-7724-8312-7

TOPP 8333
ISBN 978-3-7724-8333-2

Unsere Empfehlungen für Sie:

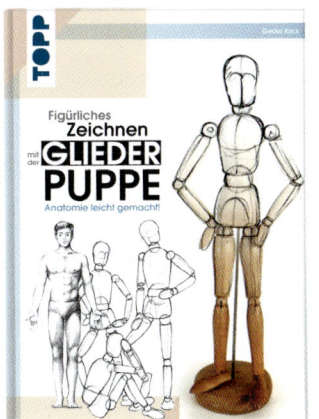

TOPP 8295
ISBN 978-3-7724-8295-3

TOPP 8326
ISBN 978-3-7724-8326-4

TOPP 8206
ISBN 978-3-7724-8206-9

TOPP 8322
ISBN 978-3-7724-8322-6

Impressum

Idee und Konzept : Nina Armbruster
Fotos: Gerhard Wörner
Layout, Satz und Covergestaltung: Katrin Röhlig
Lektorat: Melanie Schölzke
Produktmanagement: Nina Armbruster
Druck und Bindung: GPS Group GmbH, Österreich

3. Auflage 2018
© frechverlag, Turbinenstraße 7, 70499 Stuttgart
ISBN: 978-3-7724-8216-8 • Best.-Nr. 8216